KB182668

성격을 바꿔야
운명이 바뀐다

Earl Nightingale

얼 나이팅게일,
시공을 초월한 인생 격언

성격을 바꿔야
운명이 바뀐다

얼 나이팅게일 지음 | 황금진 옮김

포텐업

■ 일러두기

* 이 책은 저자가 〈다이렉트 라인〉이라는 라디오 방송에서 남긴 말들을 발췌한 후
  의미를 명확하게 하기 위해 재편집된 것입니다.
* 방송 프로그램을 통해 언급된 내용이라 출처를 명확히 알 수 없는 부분이 남아 있습니다.
  확인된 경우에는 주를 달고 알 수 없는 부분에는 원서에 표기된 원어를 남겨놓았습니다.
* 이 책에 달린 주석 중에 '지은이 주'라고 표기된 것 외에 나머지는 모두 옮긴이 주입니다.
* 본문에 인용된 책 중 상당수가 절판된 도서이거나 국내 미출간 도서인 관계로
  괄호 안에 원서명만 기입했음을 알려드립니다.

운(運)은 그 사람이 어떻게 살아왔는가를 비춰주는
무자비한 거울이다.

_ 본문 중에서

자신이 그토록 원하는
삶에 이르는 법

왜 누구는 목표를 달성하고 누구는 그러지 못할까?

'왜 똑같이 흙수저로 태어났는데 어떤 사람들은 목표를 달
성하고, 또 어떤 사람들은 그러지 못할까?'

대공황 시기에 성장기를 보낸 얼 나이팅게일(1921~1989)
은 아주 어렸을 때부터 이 질문에 대한 답을 찾고 싶었다. 나
폴레온 힐과 마찬가지로 얼 나이팅게일 역시 성공의 조건과
성공하는 법에 대해 평생 동안 연구했고, 결과적으로 그는
성공에 대한 대가 중 한 명이 되었다.

성격을 바꿔야 운명이 바뀐다

WGN^{미국 일리노이 주 시카고 루프에 있는 상업용 라디오 방송국}에서 해설 프로그램을 맡아 진행하면서 라디오 방송 경력을 쌓아나간 나이팅게일은 라디오 방송의 광고 판매 수수료로 돈을 벌 만큼 벌었기에 35세라는 이른 나이에 은퇴할 수도 있었다. 하지만 그는 보험회사를 인수한 뒤 직원들이 성과를 올리도록 동기 부여하는 데 시간을 쓰기 시작했다.

그가 너무나 훌륭하게 직원들을 독려하자, 그 과정을 지켜본 영업부장 중 한 명이 그의 멘트를 녹음하자고 제안했는데, 이 아이디어는 결국 『세상에서 가장 이상한 비밀^{The Strangest Secret}』이라는 책의 탄생으로 이어졌다.

이 책은 백만 부 이상이 팔리면서 골드 레코드를 수상한 최초의 콘텐츠가 되었다. 그러다가 1960년 그는 로이드 코넌트와 함께 전자책 출판사를 공동 창업했고 그 출판사는 자기계발 분야에서 세계 최고가 되었다. 나이팅게일과 코넌트는 공동으로 〈변화하는 우리의 세계^{Our Changing World}〉라는 라디오 프로그램도 제작했는데, 이 프로그램은 최장수 프로그램이자 역사상 가장 널리 알려진 라디오 방송이 되었다.

'자기계발 분야의 대부'라 곧잘 불리곤 하는 나이팅게일은 전 세계 12개국의 천여 개 라디오 방송국에서 30년 넘게 방송을 한 끝에 역사상 가장 많은 청취자의 사랑을 받은 방송인 가운데 한 명이 되기에 이르렀다. 라디오 명예의 전당 및 국제 강사 명예의 전당에 오르고, 명망 높은 골든 게이블 상을 수상하기도 한 나이팅게일은 사람들이 성공하도록 돕는 데 평생을 헌신했다. 이 책 『성격을 바꿔야 운명이 바뀐다』(원제: direct line)는 직업, 대인관계, 돈 관리 등등 인생에서 꼭 필요한 숙제를 어떻게 풀어나가야 하는지 그 구체적인 방법을 제시한다.

언제부터 지금 믿고 있는 걸 믿게 된 걸까?

무수히 많은 청취자들이 그의 방송을 듣고 자신의 가치를 발견하고 하고 싶은 일을 추구할 수 있게 되었다고 증언했다. 이 책은 그가 진행한 방송 내용들을 최초로 수집, 녹취, 편집해 정리한 것이다. 책 속에 등장하는 메시지들은 당신이 당신 인생의 주인이 되고 목표를 달성하고, 의미 있는 삶을 향해 걸어갈 수 있도록 도와줄 것이다.

나이팅게일은 '이 책의 목적은 우리가 왜 어떤 일은 해내고 어떤 일은 해낼 수 없는지, 왜 지금처럼 살고 있는지, 언제부터 지금 믿고 있는 것을 믿게 된 건지, 어쩌다 지금과 같은 사이클로 일하고 쉬게 된 건지를 알아내는 것이다'라고 밝힌 바 있다.

그는 플라톤 같은 위대한 철학자부터 랠프 월도 에머슨Ralph Waldo Emerson, 미국의 사상가이자 시인과 헨리 데이비드 소로Henry David Thoreau 같은 19세기 초월주의자들, 에이브러햄 매슬로Abraham H. Maslow와 칼 로저스Carl Ransom Rogers 같은 심리학자들, 라파엘전파 화가이자 작가인 윌리엄 모리스William Morris까지 가장 위대한 사상들의 지혜를 현시대에 맞게 재해석해서 들려준다.

혼돈보다는 단순함이 양보다는 질이 왜 더 중요한지, 상상력이 얼마나 큰 영향을 미치는지, 자아실현이 인생을 즐기는 능력과 어떤 관련이 있는지 등등 중요한 주제들에 대해 시대를 초월하는 메시지를 던져준다.

단적인 예를 들어 그는 확증편향에 대해 이렇게 말한다.

'매일 보는 사람들, 나와 비슷한 조건에서 살고 있는 사람들로부터만 아이디어를 얻는다면 어떻게 될까? 그것은 이미 내 안에 들어 있는 생각을 반복 및 강화하는 것일 뿐

이다.'

소셜미디어가 사람들의 편견을 조장하기 수십 년 전, 나이팅게일은 이미 이 현상에 대해 예견했던 것이다. 또 『맘MOM이 편해졌습니다Simplicity Parenting』 같은 베스트셀러가 자극이 심한 장난감과 과도한 활동 스케줄이 아이들의 감정에 부정적인 영향을 미친다고 말해주기 훨씬 전부터 나이팅게일은 버트런드 러셀Bertrand Russell이 말한 '유익한 심심함'을 아이들에게 느끼게 해줘야 한다고 역설했다. 이렇게 그는 사회적 통념과는 결을 달리하며 공부, 발견, 창의력, 상상력 등을 물질적 이득보다 중요하게 여겼다.

인간은 가능하면 쉬운 길만 택해서 살아가려고 하면서도 자신의 존재를 넘어선 거대한 가치에 흔들리는 모순적인 존재다. 그의 메시지들을 읽는 동안 독자들은 이러한 인간의 본성에 대해 다시 한 번 생각하게 될 것이다.

나이팅게일은 이 책에서 삶을 세 가지 요소로 나눠서 이야기한다. 첫째는 가정생활, 둘째는 일과 취미, 셋째는 소득이다. 그는 이 책의 목적이 이 세 가지 요소에서 성공을 발견할 수 있게 돕는 것이라 말했다.

인간에 대한 그의 통찰력은 이 세 가지 요소 모두를 풍요

성격을 바꿔야 운명이 바뀐다

롭게 하는 데 도움을 줄 것이다.

이 책을 읽는 방법에 정답은 없다. 처음부터 차례대로 읽든 주제별로 읽든, 자신이 끌리는 대로 아무 데나 골라 읽든 아무래도 괜찮다.

하지만 분명한 건 여러 번 읽다 보면 당신도 나이팅게일처럼 새로운 영감을 받아 자신이 그토록 원하던 삶에 좀 더 가까이 다가갈 수 있을 거라는 사실이다. 자, 그럼 이제 당신을 기다리고 있는 설레고 멋진 여정을 마음껏 누리길!

| 차례 |

행복

현재의 내 모습과 원하는 내 모습이
일치하는 순간

심리학과 정신의학 분야에서 이름을 떨쳤으며 대중들에게
가장 설득력 있는 학자들 대부분은 우리가 살고 있는 이 풍
요로운 사회가 반드시 행복과 기쁨을 가져다주는 건 아니라
고 입을 모아 말한다. 선진국일수록 권태와 무기력, 우울감,
불안감 등에 괴로워하는 사람들이 많은 것도 사실이다.

언제부터인가 사람들은 스스로 훌륭하다고 생각하는 일,
가치 있는 일을 할 때 가장 행복하고 활력 넘친다는 것을 깨
닫게 되었다. 어느 날, 당신에게 권태가 찾아온다면 왜 그런
가 하고 스스로를 돌아봐라. 아마도 십중팔구는 일상 속에

서 스스로 만들어낸 아이디어가 없다는 걸 알게 될 것이다.

사람은 자신이 살고 있는 인생이 스스로 바라던 인생도, 바람직한 인생도 아니라는 것을 깨닫는 순간, 우울하고 따분해진다. 일할 때든 놀 때든 자신이 갖고 있는 능력을 제대로 발휘하지 못한다고 느낄 때, 자괴감이 엄습한다. 그러면서 서서히 '그동안 내가 성공에 대해 잘못 생각한 건 아닐까'라며 자책한다.

그와 반대로 어떤 좋은 아이디어가 계속해서 떠오를 때, 어떤 일을 하면서 희열을 느낄 때, 사람은 스스로 최고라는 생각이 들면서 행복을 느낀다. 즉 이럴 때야말로 비로소 삶에서 보람을 느끼고 목적의식까지 갖게 된다는 말이다. 약간 달리 표현하자면 인생이 정말 재미있어지는 순간은 현재의 내 모습과 되고 싶은 내 모습 사이의 격차가 줄어들 때이다.

당신이 인생을 재미있게 만들기 위해 신경 써야 하는 부문에는 세 가지가 있다. 첫째는 가정생활이고 둘째는 일과 취미, 그리고 마지막은 소득이다. 이 책의 목적은 이 세 가지 요소에서 성공을 발견하도록 돕는 것이다.

　　　　　　　　　　　성격을 바꿔야 운명이 바뀐다

당신이 자기 자신을 제대로 발견할 때 성공으로 가는 길 또한 눈에 보일 것이다. 그 길을 발견하면 당신이 원하거나 필요로 하는 모든 것이 당신 삶에 저절로 따라올 것이다. 그 길을 찾는 과정은 지구상에서 가장 흥미진진하고 보람찬 여행이 될 것이다.

O2 성격

성격을 바꿔야 운명이 바뀐다

옥스퍼드 영어사전은 성격에 대한 첫 번째 정의를 '주입되거나 각인되거나 형성된 고유의 특징; 낙인, 인장'이라고 기록하고 있다. 길든 짧든 어느 정도라도 인생을 경험한 사람이라면 이른바 '운'이라는 것을 쌓게 된다. 운은 그 사람이 어떻게 살아왔는가를 비춰주는 무자비한 거울이라고 할 수 있다. 그 사람의 본성과 기질이 완전히 고유한 형태로 드러나는 것이 운이라는 것이다.

이를 가장 잘 표현한 이가 아마도 에머슨일 것이다. 에머

성격을 바꿔야 운명이 바뀐다

슨은 '자연은 마치 마술처럼 그 사람의 성격에 딱 맞는 운명을 만들어낸다'라고 썼다.

사람들은 자신의 진정한 자아를 파악하는 데 어려움을 겪곤 하는데 이는 내면을 보려고만 하기 때문이다. 하지만 자기 주변을 두루 살펴 운이 어떤지 살펴보면 좀 더 쉽게 알 수 있다. 왜냐하면 에머슨의 말처럼 운은 그 사람의 성격이 만들어낸 결과이기 때문이다. 미국심리학회 전 회장인 에이브러햄 매슬로는 '사람을 평가할 때는 사과나무를 평가할 때처럼 하라. 다시 말해 그 사람의 결실, 그 사람의 결과물을 보라'고 했다. 열매를 보고 그 나무의 이름을 알 수 있는 것과 마찬가지로 한 사람에 대해 많은 걸 알 수 있다는 말이다.

무슨 말인지 알겠는가? 운이라는 것은 인생의 어느 단계에서든 그가 원하는 것과 그가 받을 자격이 있다고 믿는 것의 총합에 불과하다. 운은 변하기 마련이다. 운은 나이를 먹는다고 저절로 쌓이는 것이 아니고 그 바탕이 변해야 한다. 운이 변하지 않았다는 것은 자신이 변하지 않았다는 뜻과 같다. 운의 바탕이 변하지 않았다는 것은 자신이 인간으로서 성장하고 성숙하지 않았다는 것과 같다는 말이다.

사람은 다방면의 지식을 통해 성장한다. 내가 성장하면 내가 살고 있는 세상도 바뀌는 법이다. 한 개인 혹은 조직의 성장은 다음의 두 가지 주요한 조건에 달려 있다. 첫 번째는 '수용성'이다. 그 사람의 혹은 그 조직의 대문은 열려 있는가? 새로운 아이디어와 창의적인 발상을 받아들일 수 있는가? 하지만 당신이 알고 있는 사람들 중 대다수는 폐쇄적 시스템에 속해 있을 것이다. 그런 사람들은 자기 자신이 이미 유용한 정보를 모조리 담고 있는 보고(寶庫)라 믿으며 문을 잠가놓은 채 살아간다.

폐쇄적 시스템의 전형적인 특징 중 하나는 만약 계속 문을 닫은 채 살게 되면 시스템이 계속 축소되다가 결국 소멸하게 된다는 것이다. 개인이든 조직이든 마찬가지다. 새로운 아이디어를 받아들이지 않고, 자신이 믿고 있는 것을 때때로 돌아보며 질문하지 않는다면 머지않아 정체 그리고 쇠퇴의 길에 들어설 수밖에 없다.

성장을 좌우하는 두 번째 조건은 '아이디어의 출처'다. 매일 보는 사람들, 나와 비슷한 조건에서 살고 있는 사람들로부터만 아이디어를 얻는다면 어떻게 될까? 그것은 이미 내

성격을 바꿔야 운명이 바뀐다

안에 들어 있는 생각을 반복 및 강화하는 것일 뿐이다. 조직도 마찬가지다. 사실 한 사람도 곧 조직이라고 말할 수도 있다. 크든 작든 어떤 종류의 조직이든 성공은 경영진의 수준에 좌우된다. 기업의 성패가 경영진에 달려 있는 것과 마찬가지로 한 개인의 성공 역시 자기 자신을 경영하는 방식으로 성패가 갈린다.

사람들은 모두 자신이 갖고 있는 고유한 경영 방식으로 살아간다. 그러므로 어떤 사람이 맺는 결실은 자신의 경영 수준을 반영하는 것이고, 그 경영 수준은 그의 아이디어 수준에 좌우될 것이다. 그러므로 스스로 다방면의 아이디어를 흡수하고 있는지 잘 살펴봐야 한다.

어떤 회사에 부서가 세 개 있다고 치자. 두 부서는 아주 잘하고 있는데 나머지 한 부서가 손실을 내고 있다. 손실을 내고 있는 부서가 손실을 낸 지 꽤 오래되었다면 그 부서는 보상 체계가 엉망이거나 수요가 부족한 상품을 계속 만드는 등, 경영을 잘 못하고 있는 것이다.

인생도 이와 똑같다. 사람마다 어떤 부문에서는 뛰어난데 다른 어떤 부문에서는 빈약한 경우가 많다. 가령 일은 잘하는데 집에서는 형편없다든가 집에서는 잘하는데 회사 일은 엉망이라든가 하는 식이다.

당신의 경우는 어떤가? 당신이 속해 있는 모든 부문에서 경영자로서 잘 해내고 있는가? 중요한 건 어떤 부문에서건 내가 나 자신을 잘 관리할 수 있느냐는 것이다.

운이 나 스스로 만들어낸 결실이라는 걸 알았다면, 새로운 아이디어를 잘 받아들이고 자신을 바꿀 줄 안다면, 그것만으로도 당신은 경영자로서 꽤 괜찮은 결실을 맺을 수 있을 것이다.

성격을 바꿔야 운명이 바뀐다

03 목표

인간에게는 몰두해야 할 대상이 필요하다

어떤 사람들은 이미 갖고 있는 것을 지금 원하고 있다고 착각한다. 이들은 왜 행복하지 않은 걸까? 더 보람을 느낄 수 있는 목표로 넘어가지 못했기 때문은 아닐까?

조지 버나드 쇼George Bernard Shaw, 아일랜드의 극작가는 '가난해지지 않는 것이야말로 모든 사람에게 주어진 첫 번째 의무'라고 말했다. 나도 그 말에 동의한다. 빈곤이 행복을 가져다준 적은 결단코 없다. 굶주림에 찌든 얼굴, 가난으로 일그러진 얼굴들을 보면 답은 간단해 보인다.

그런데 당신이 벌어들이는 소득에는 두 종류가 있다는 것을 기억할 필요가 있다. 그것은 바로 금전적 소득과 정신적인 보상이다. 정신적 보상은 잘 알다시피 당신이 사랑하는 사람들과 함께하거나 일을 잘 해내거나, 혹은 감정적으로 보람을 느낄 때 얻는 보상이다.

예를 들어 소방관들이 사이렌 소리를 날카롭게 울리며 거리를 질주할 때, 경찰들이 자신이 입고 있는 제복이 권위가 있다는 걸 느낄 때 얻는 보상이다. 승진을 했을 때 따로 넓은 방을 사용하게 된다거나 가장 좋은 창가 자리로 옮겼을 때도 정신적 보상을 만끽할 수 있다. 꼭 돈이 아니더라도 이런 종류의 보상을 받을 때 당신은 설렘과 만족감을 느낄 것이다.

특히 이런 정신적 보상은 자신이 좋아하는 일, 마음으로부터 우러나오는 일을 할 때 느낄 확률이 높아진다.

『공격성에 관하여 On Aggression』(콘라트 로렌츠)라는 책의 저자에 의하면 인간의 몸속에는 자신의 고유한 재능과 잠재력을 실현하려는 유전 명령이 암호화되어 있다고 한다. 만약 당신이 어떤 일을 할 때 불안감과 죄책감을 느끼고 있다면 그것은 몸속에 내재돼 있는 유전 명령을 어겼기 때문이다.

성격을 바꿔야 운명이 바뀐다

이렇게 생각하면 당신은 이미 자신이 뭘 잘하는지 더 나은 삶을 위해 뭘 해야 하는지 알고 있는 셈이다.

많은 사람들이 사회적 관념에 맞게 '즐거운 우리 집' 콘셉트에 맞춰 살려고 애쓴다. 하지만 이 콘셉트에 맞는 사람이 있는 반면, 맞지 않는 사람도 있다. 만약 그런 사람이 자신의 유전 명령에 맞지 않게 사회적 관념과 통념에만 맞춰서 살려고 애쓰면 발에 맞지 않는 신발을 신다가 뒤꿈치가 쓸리고 까져서 괴로울 정도로 아픈 것처럼 삶이 힘들어진다. 당연히 정신적 보상도 느낄 수 없다. 이런 부류의 사람들은 어딘가 다른 곳에서 성취감을 느껴야 하기 때문에 취미나 여가 활동에서 그것을 추구하든지 아니면 직업을 바꿔야 한다.

그렇다면 금전적 소득의 경우는 어떨까? 이 경우에도 자신이 필요로 하는 조건들이 충족돼야 한다. 그 조건들이란 사람에 따라 다 다르다. 자신이 좋아하는 방식, 가치관, 일을 하거나 어쩌면 그렇게 하지 못하는 사람들을 도와주는 방식도 있을 것이다.

하지만 세상에 이처럼 자신의 적성과 취향에 딱 맞으면서
도 벌이도 좋은 일자리가 그리 흔한 것은 아니다. 그럼에도
불구하고 나는 스스로 생각하고 성장하고 발전하기 위해 노
력하는 사람이라면 분명 자신이 즐기는 일을 찾을 수 있다
고 믿는다. 만약 일에서 발견하지 못한다면 그 외 다른 활동
에서 찾으면 된다. 다음 질문에 답해보자.

1. 전 세계 누구하고든 처지를 완전히 바꿀 수 있다고 하면 바꾸겠
   는가? 바꾸고 싶은 사람은 누구인가?
2. 어떤 직장에서든 일할 수 있다고 한다면, 그 일은 당신이 지금
   하고 있는 일과 전혀 다른가?
3. 전국 어디서든 살 수 있다고 한다면 당신은 현재 거주지에서 이
   사를 하겠는가, 만약 그렇다면 어디로 가겠는가?
4. 열두 살로 돌아가 그 시점부터 인생을 다시 살 수 있다면 그렇게
   하겠는가? 지금과는 다르게 할 수 있겠는가?

여러 연구 결과를 보면 대다수의 사람들이 분명히 현재
자신의 삶에 어느 정도 불만을 품고 있고 그다지 행복해 보
이지 않는데도 불구하고 이 네 가지 질문에 "아니오"라고 답

성격을 바꿔야 운명이 바뀐다

한다고 한다.

　최근 변호사 친구 하나가 자신은 일에서 모든 것을 이루었는데도 시간이 갈수록 점점 우울해진다고 털어놓았다. 그 친구에게는 꽤 괜찮은 사무실, 높은 수입, 멋진 집, 소위 말하는 여우 같은 부인과 토끼 같은 자식들이 있다. 모든 것이 그가 꽤 오랫동안 꿈꾸던 대로 이루어진 것이다. 그런데도 이상하게 그는 재미와 열정을 느낄 수 없다고 말했다. 의욕이 사라지고 일상이 시들해졌지만 도대체 왜 그러는지는 꼬집어 말하기 어렵다는 것이다. 이 현상은 현대인이라면 누구나 겪는 심각한 고질병이며, 목표가 바닥날 때 걸리는 경우가 많다.

　한번 이 병에 걸리면 인생이라는 긴 레이스가 시시해지기 시작하므로 성공적이고 열정적인 삶을 살기 위해서는 기본 원칙을 스스로 상기시켜야 한다. 그 첫 번째 원칙은 몰두해야 할 대상을 찾는 것. 바꿔 말하면 목표를 정하는 것이다. 인간에게는 집중해야 할 무언가가 필수적으로 있어야 한다. 그것이 없으면 모든 일, 심지어 그 누구보다 비범한 업적과

세속적 성공을 이루고 나서도 부질없고 시시하다는 느낌에 시달린다.

자신이 정한 목표를 달성한다는 것은 크리스마스 날 아침 선물 상자를 열어보는 것, 혹은 내가 사랑하는 사람이 선물 상자를 여는 모습을 지켜보는 것과 같다. 그 모습을 학수고 대하며 계획하고 준비했는데, 드디어 눈앞에서 보게 된 것 이다. 그런데 선물 상자를 열고 난 이후에는 어떻게 해야 할 까? 아마도 또 다른 선물 상자로 관심을 돌려야 할 것이다.

대부분의 소설가는 현재 집필 중인 작품을 완성하기 전에 차기작에 대한 계획을 세운다. 과학자도 마찬가지이다. 보 통 하나의 프로젝트를 완성하기 전에 그다음 프로젝트를 머 릿속에서 구상하고 있다. 이와 마찬가지로 교사에게는 매번 그다음에 들어갈 새로운 학급이 있고, 이룬 지 얼마 안 된 가 정에는 키워서 학교를 마치게 해야 할 아이가 있고, 새로 사 야 할 집이 있고, 쟁취해야 할 승진이 있다.

만약 50대, 60대가 된 이후 어느 정도 목표를 이루었고, 새 로운 도전거리가 뭔지 모르겠다면 이때가 인생에서 가장 힘 든 시기일 수도 있다. 이때 다시 새로운 인간으로 거듭나고

성격을 바꿔야 운명이 바뀐다

싶다면 반드시 새로운 목표를 찾아야 한다.

　당신이 바로 이런 경우라면 스스로에게 이렇게 말해보자.

　　"자, 나는 시작한 일을 다 해냈어. 그러니 이젠 새롭고 흥미로운 다른 일을 찾을 거야."

　인간이 하는 모든 행동의 배후에는 목표가 있다. 당신의 목표는 무엇인가? 당신은 지금 목표를 분명히 알고 있는가?

04 아이디어

늘 열려 있어야 새로운 아이디어가 나온다

좋은 아이디어가 떠오르는 때는 언제일까? 내가 생각할 때는 마음이 차분하고 평온할 때가 가장 적합하다. 아침 일찍혹은 면도나 샤워를 할 때, 운전이나 산책을 할 때 좋은 아이디어가 떠오르는 것도 그 때문이다.

대개의 사람들은 일상 속에서 창의력을 잘 발휘하지 않는다. 중장년층의 경우 어렸을 때부터 칭찬받기보다는 혼나거나 창피를 당한 경험이 많다 보니 자신의 아이디어를 불신하는 습관이 몸에 배어 있기 때문이다. 만약 당신이 그렇다면창의적 사고를 하기 위한 다음과 같은 절차를 연습해보자.

성격을 바꿔야 운명이 바뀐다

1. 문제가 뭔지 짚어본다.

2. 그 문제를 해결하기 위한 아이디어를 생각해보고 데이터를 수집하기 시작한다.

3. 떠오르는 해결책을 모두 적어본다.

4. 내가 생각해낸 해결책을 생각하면서 혼잣말도 해보고 꿈도 꿔본 다음 그냥 방치해둔다. 수많은 아이디어들을 수백만 인생 선배들의 아이디어와 함께 달여줄 약탕기에 넣고 잠재의식 속으로 스며들도록 내버려둔다.

5. "유레카"의 순간을 기다리다가 그 순간이 오면 아이디어가 사라지지 않게 종이에 적는다.

6. 그 해결책을 실행한 다음 그것이 완료될 때까지 지속해본다.

지금 세상은 전례 없이 놀라울 정도로 변화를 거듭하고 있다. 내가 독자들에게 당부하고 싶은 것은 늘 창의적 사고, 성장, 발전, 새로운 목표에 대해 열려 있으라는 것이다. 그래야 새로운 기회가 찾아올 확률이 높아지기 때문이다.

인간에 대한 연구는 앞으로도 계속되어야 하지만, 지금까지 인간의 행동을 연구한 학자들은 대체로 다음 두 가지 사항에 동의하는 듯하다. 첫째, 평범한 사람은 자신이 갖고 있는 역량의 극히 일부분만 발휘하고 일생을 마감하고 만다. 둘째 세상에서 가장 흥미로운 모험은 미지의 세계로 떠나는 여행이 아니라 자기 자신 안에 들어 있는 진짜 에너지를 끌어내 삶에 쏟아붓는 행동 그 자체다.

05 공부

사람들은 세금 내기 싫어하는 것만큼이나 공부를 싫어한다

세상에는 엄청나게 똑똑한 사람들도 많지만 사실 그 반대로 너무나 무식한 사람들도 많이 존재한다. 그 이유가 뭔지 생각해본 적이 있는가? 나는 언제나 그 점이 궁금했다. 왜 수많은 사람들 중 극소수만이 지식을 독점하고 있는지, 왜 정말 소수의 사람만이 목표를 달성하고 성공을 맛보는 것인지 말이다.

기원전 400년에 플라톤은 이미 이 궁금증에 대한 답을 제시한 바 있다. 그는 이렇게 말했다.

'무지한 자는 지혜를 추구하지 않는데 바로 이것이 무지의 병폐다. 착하지도 지혜롭지도 않은 자들은 그럼에도 불구하고 스스로 만족해버린다. 자신이 뭐가 부족한지 모르기 때문에 최고의 모습을 바랄 수가 없는 것이다.'

위대한 작가인 호세 오르테가 이 가세트^{Jose Ortega y Gasset}는 이런 플라톤의 지혜를 20세기로 옮겨왔다. 그는 자신의 책 『형이상학 강의^{Some Lessons in Metaphysics}』에서 인간의 지식은 지난 100년 동안, 특히 지난 50년 동안, 비약적으로 발전했지만 많은 사람들이 이렇게 점점 발전하는 지식의 세계에서 스스로를 고립시켰을 뿐 아니라 오히려 그 어느 때보다 더 무식해졌다고 지적한다.

그는 그 이유가 '인간이 지식을 얻을 수 있는 유일한 방법은 공부를 통하는 것이기 때문'이라고 덧붙인다. 오르테가는 '공부는 납세와 비슷하다. 사람들은 세금을 내기 싫어하는 것만큼이나 공부하기를 싫어하고 안 해도 될 때는 사실상 아무도 하지 않는다'고 표현했다. 그의 말처럼 대다수의 사람들은 정해진 필수 교육만 받는다. 그 교육을 받는 동안에도 꼭 필요한 것만 기억하고 그마저도 나중에는 다 잊어

성격을 바꿔야 운명이 바뀐다

버린다.

바로 이것이 고도화된 지식과 교양을 겸비한 사람이 있는 반면에 양손으로 바지 주머니를 찾는 정도의 지식만을 겨우 갖고 있는 사람이 존재하는 이유다.

90%가 넘는 사람들이 책을 잘 읽지 않는다. 대부분의 사람들은 그저 흐리멍덩한 눈으로 입을 벌린 채 텔레비전 앞에 앉아 자신들이 별로 성공하지 못했다고, 지금보다 소득이 더 늘었으면 좋겠다고, 또는 로또에 당첨되면 좋겠다고 투덜거린다.

단언컨대 그들 중 절반 이상은 자신이 하는 일에 비해 오히려 지나치게 많은 보수를 받고 있을 것이다. 만약 그들이 하루에 단 30분이라도 책을 읽거나 자신이 하는 일에 대해 더 공부하거나 자기계발과 평생 교육에 투자한다면 지금보다는 훨씬 더 똑똑한 사람이 될 수 있겠지만 대부분은 그렇게까지 하지 않는다.

그런 사람들은 지식을 추구하는 행위 그 자체만으로도 자유로움과 흥미로움을 만끽할 수 있다는 것도 모르는 것 같다. 이것을 거꾸로 말한다면 당신이 만약 대부분의 사람들

이 갖고 있는 이런 본능을 거슬러 평생 공부에 힘쓰기만 해
도 상위 10%에 해당하는 사람이 될 수 있다는 뜻이다. 공부
가 재미있는 사람들에게는 권태와 무기력이 찾아올 겨를이
없다. 당장 눈앞에 벌어진 현상에 대해서도 그 이면에 있는
작동 원리에 대해 지적 호기심이 생기기 때문이다.

성격을 바꿔야 운명이 바뀐다

06 초월

자아도취라는 감옥에서 해방되다

인간에 대해 탁월하게 해석한 책『인간의 본성The Nature of Man』에는 '인간은 사랑과 이성을 기르는 만큼 자신의 존재를 완성하는 경향이 있다'라는 말이 나온다.

바로 여기서 희망을 발견할 수 있다. 사랑과 이성. 이 두 가지는 인간 존재의 비루함과 평범성을 초월하는 길이다.

여기서 말하는 초월이란 종교적 혹은 형이상학적인 의미에서 신의 존재를 말하는 것일 수도 있고 혹은 개인주의나 이기주의에서 해방된다는 뜻이기도 하다. 또한 초월은, 특히 실존주의적인 측면에서 현재 나의 존재로부터 벗어나는 것을 뜻할 수도 있다. 이렇게 '초월'이라는 단어에는 여러 가지 의미가 함축돼 있는데 한 가지 공통점이 있다. 그것은 바로 자아도취를 뛰어넘어 자기 본위라는 감옥에서 스스로를 해방시킨다는 말이다.

만약 초월을 경험할 수 있다면, 즉 본능적으로 나르시시스트가 되기 쉬운 인간이 스스로 만든 자아상이라는 거울에 더 이상 자신을 가둬두지 않으면 훨씬 더 의미 있는 인생을 살 수 있다는 말이다. 이를 다른 말로 표현하면 '자기 자신을 내려놓는 것만이 진짜 자기 자신이 되는 유일한 방법'이다. 이 말은 문장 자체는 역설적이지만 무슨 말인지 당신은 아마도 이해할 수 있을 것이다.

사실 이 문장이 담고 있는 메시지는 복음서의 가르침, 플라톤과 아리스토텔레스, 칸트와 괴테, 마르크스 등 여러 위인들의 글에서도 이미 찾아볼 수 있다.

인간으로 태어난 우리는 누구나 자기라는 감옥에 갇혀서 살아간다. 우리 몸은 태생적으로 타인을 이해하기 힘든 구조를 갖고 있다. 그러므로 만약 그 구조에서 벗어난다면, 즉 초월할 수 있다면 자기 자신만의 세계에서 벗어나 더 넓은

　　　　　　　성격을 바꿔야 운명이 바뀐다

세계를 볼 줄 아는 눈이 생기게 된다.

만약 당신이 이 눈을 갖게 된다면 인생에서 끊임없이 올라오는 수많은 문제에 대한 고민이 가벼워질 것이다.

앞서 말한 세 가지 즉 첫째 가정생활 둘째 일과 취미 셋째 소득에 대한 고민 역시 마찬가지이다. 사랑 그리고 이성이라는 힘으로 자기를 초월할 수만 있다면 당신의 인생은 훨씬 더 깊이 있어지고, 그에 따른 보상도 얻게 될 것이다. 또 하루하루가 충만하고 보람차다고 느끼게 될 것이다.

07 건강한 몸

몸을 움직이지 않으면 병든다

균형 잡힌 삶은 몸의 건강뿐만 아니라 외모에도 큰 영향을 끼친다. 골프 선수 게리 와이런$^{Gary\ Wiren}$은 자기 자신에게 이런 질문을 해보라고 제안한다.

내 근육이 말랑말랑해지고 축 처지고 있을까?

나는 지금 만성 피로에 시달리고 있나?

예전에는 거뜬하게 했던 일들도 힘에 부치나?

보기 싫을 정도로 살이 찌고 있나?

한두 계단 정도 오르는 것만으로도 숨이 차나?

성격을 바꿔야 운명이 바뀐다

만약 이 질문들 중 세 개 이상에 그렇다고 답했다면 이미 당신의 몸은 조기 노화가 진행되고 있다는 뜻이다. 하루에 단 몇 분이라도 운동하는 데 시간을 쓴다면 이러한 조기 노화와 질병을 예방할 수 있다. 물론 운동을 습관화하기 위해서는 꾸준한 훈련과 노력이 필요한 게 사실이다. 그런데 미국 인구 중 규칙적으로 운동을 하는 비율은 10%도 되지 않는다는 통계가 있다. 운동이 몸에 좋다는 것을 모르는 사람은 없는데 도대체 왜 이런 결과가 나오는 걸까?

내가 보기에 그것은 많은 사람들이 삶의 우선순위를 제대로 정하지 않은 채 흘러가는 대로 살고 있기 때문이다. 가만히 생각해보면 첫 번째 우선순위는 건강일 수밖에 없다. 기본적으로 몸이 건강해야 뭐든 할 수 있고 즐길 수 있기 때문이다.

먹는 것 또한 마찬가지이다. 사람들 대부분이 받아들이기 어려워하는 사실 중 하나가 음식물 섭취량이 에너지 소모량과 같아야 한다는 사실이다. 10대에서 20대 초반까지는 대개 에너지 소모량이 높으므로 과식하는 습관이 생기기 쉽다.

습관은 시간이 갈수록 그대로 굳어지는 경향이 있는데 젊었을 때 과식하는 습관이 있는 사람들이 점차 나이가 들어가면서 습관을 바꾸지 않으면 몸의 밸런스가 깨지는 것은 당연한 결과다.

그 유명한 사업가 존 D. 록펠러 John D. Rockefeller는 주당 백만 달러를 벌어들이던 50대 때 주치의로부터 생활 습관을 바꾸지 않으면 앞으로 살날이 얼마 남지 않게 될 것이며 점점 불어나는 재산을 쓸 기회도 없어질 거라는 말을 들었다. 의사는 록펠러에게 세 가지 충고를 건넸다. 단순하고 어쩌면 누구나 알고 있는 상식이었지만 이 말 속에는 심오한 지혜가 담겨 있다. 그 세 가지는 다음과 같다. 첫째, 살짝 배가 덜 부를 때 숟가락을 내려놓을 것. 둘째, 걱정은 그만할 것. 셋째, 규칙적으로 운동할 것.

과식과 걱정과 움직이지 않는 것. 의사가 말한 이 세 가지는 현대인의 건강을 해치는 주범이라 할 수 있다. 그렇다면 일상생활에서 몸을 자주 움직일 수 있는 방법에는 뭐가 있을까?

물론 우리는 일을 통해 기본적인 신체 활동을 하고 있다.

성격을 바꿔야 운명이 바뀐다

하지만 육체노동자의 경우가 아니라면 일을 하면서 몸을 움직이는 시간은 극히 제한되어 있다. 그러므로 다음 세 가지 활동을 통해 몸을 움직일 시간을 확보해보자.

첫째, 계획적인 운동 프로그램

몸을 움직일 수 있는 가장 확실한 방법은 규칙적인 운동 프로그램에 등록하는 것이다. 주민센터에서 하는 프로그램이든 가까운 곳에 있는 헬스클럽이나 요가, 조깅, 댄스, 필라테스 등등 나에게 맞는 운동을 찾아 시작하는 것이다. 집에서 혼자 하는 운동은 오래가지 못한다는 단점이 있으므로 타인과 함께하는 방법을 찾아보자.

둘째, 스포츠

만약 스포츠 즉 겨루는 경기를 즐기는 타입이라면 이런 종류의 동호회를 찾아보는 것도 방법이다. 단지 몸을 움직인다는 순수한 재미 외에 승부욕을 불러일으켜 자연스럽게 몸을 움직이게 될 테니까 말이다.

셋째, 틈새 운동

'틈새 운동'은 도저히 따로 시간을 낼 수 없을 정도로 바쁜 사람들에게 대안이 될 수 있다. 누구든 일상 속에서 이런 틈새 운동을 끼워 넣는 게 가능하다. 틈새 운동을 규칙적으로 하면 그것은 결국 습관이 된다. 몇 가지 예를 들어보자. 신호등 앞에서 기다리는 동안이나 걷는 동안 허리와 어깨를 펴고 복부에 힘을 주는 것이다. 혹은 텔레비전을 보는 동안 실내 운동용 자전거를 타는 것도 한 가지 방법이다. 목욕물을 받는 동안 윗몸 일으키기나 팔굽혀 펴기를 하는 것도 좋다. 또 청소를 하면서도 스쿼트나 런지 자세를 응용해서 운동 효과를 노리는 것도 시도해보자.

이렇게 세 가지 방법을 동원하여 몸을 움직이는 것을 생활화, 습관화하는 것이 중요하다. 편리하고 쉬운 방법만 택하는 것이 아니라 어떻게 해서든 몸을 움직이는 편을 택하는 것이다. 가장 좋은 것은 위 세 가지 방법을 적절하게 섞어서 나에게 가장 맞는 형태로 만드는 것이다. 그렇게 되면 어느 정도 활동량을 확보하게 될 것이고 건강도 자연스럽게 유지할 수 있게 될 것이다.

건강하다는 것도 마치 공기와 같아서 잃어버리고 나서야

성격을 바꿔야 운명이 바뀐다

그 소중함을 깨닫는다. 지금 건강하다고 해서 당신이 계속 건강할 거라는 보장이 없다는 걸 꼭 기억하고 운동을 당신 삶의 일부로 만들길 바란다.

o8 불평불만

불평불만이 생기는 건 쉽게 얻으려고 하기 때문이다

매일 조금씩 스스로 계획한 대로 알찬 시간을 보내면 어느 순간 그 시간들이 쌓이면서 엄청난 복리 효과를 낸다. 자신이 만약 받아들일 마음의 준비만 되어 있다면 이 세상에는 훌륭한 내용의 수업이나 강좌, 책이 얼마든지 널려 있다.

물론 많은 사람들이 이런 강좌가 있는지 알지도 못한 채 살아간다. 매일 먹고살기 위해 필수적으로 해야 할 일 외에는 그다지 별 관심도 없는 사람이 많은 것도 사실이다. 물론 이런 사람들은 이미 어렸을 때부터 그런 습관이 몸에 배어 있는 경우가 많다. 이들은 인생의 또 다른 재미, 새로운 것을

성격을 바꿔야 운명이 바뀐다

끊임없이 배우고 달성해나가는 재미를 놓치고 있을지도 모른다.

자, 그렇다면 왜 그런 재미를 찾아야 할까? 누군가는 왜 굳이 그렇게 힘들게 살아야 하느냐고 반문할지도 모른다. 여기서 제럴드 사이크스Gerald Sykes, 미국의 작가이자 문학평론가를 비롯한 많은 전문가들이 했던 말을 되새겨보자.

죄책감 중에 최악의 죄책감은 내가 나 자신의 참된 자아를 찾지 못했기 때문에 생긴다.

많은 사람들이 불평불만을 늘어놓는 이유는 인생이 지금보다는 더 나아져야 하고, 더 재미있어야 하고, 더 신나야 한다는 것을 내심 알고 있기 때문일 것이다. 물론 당신 인생은 그렇게 되어야 하고 또 그렇게 될 수 있다. 단 당신이 스스로에게 좀 더 기회를 쏟아부을 때, 당신 안에 잠들어 있는 진짜 재능을 좀 더 많이 알아차릴 때, 즉 잠재력이라는 비밀 창고를 스스로 열 수 있을 때에서야 비로소 가능한 일이다.

에머슨은 '지성은 운명을 무너뜨리는 무기다'라고 했다. 이 말은 우리가 타고난 두뇌를 활용하면 할수록 태어날 때부터 부여받은 운명으로부터 자유로워질 수 있다는 뜻이다. 그러니까 이 말을 바꿔서 표현하자면 스스로 생각하고 배우지 않으면 운명과 환경, 우연에 기댄 채 살아갈 수밖에 없다는 말이다.

자유는 어떻게 생각하느냐에 따라 그 범위가 결정된다. 또한 그 자유의 범위는 우리가 좁은 시각에서 얼마나 벗어나느냐에 따라 크게 달라질 수 있다.

나는 수많은 사람들이 끊임없이 불평불만을 토로하는 이유 중 하나가 그들이 최대한 손쉽게, 즉 최소한의 에너지만 쓰면서 성공하려고 하기 때문이라고 생각한다. 그런데 문제는 손쉬운 해결책만 추구하다 보면 결국 인생이 더 힘들어진다는 것이다.

만약 처음부터 쉽지 않은 길, 어쩌면 남들이 보기에는 위험해 보이는 길을 선택하고 그 속에서 고군분투한다면 시간이 지나면서 점점 더 그 길이 안전하고 만족스럽게 느껴질 텐데 말이다. 앞서 말한 제럴드 사이크스는 이런 말도 남겼다.

그 어떤 훌륭한 업적도 반드시 수년 동안의 수습 과정을 거쳐야 하

성격을 바꿔야 운명이 바뀐다

고, 사회로부터 외면당하는 과정을 거친다.

이 말에서도 알 수 있지만 세상에 쉽게 되는 일은 없다. 그러므로 누군가 초고속으로 성공했다고 하면 일단 의심하는 게 좋다. 우리 모두가 알고 있는 위대한 천재들도 대개의 경우 장기간의 고된 노력과 지난한 과정 끝에 걸작을 만들어 낸 것이다.

그렇다면 '사회로부터 외면당한다'는 부분은 어떻게 해석해야 할까?

어떤 분야에서든 위대해진다는 것은 그 집단의 이단아가 되어 고립된다는 뜻이기도 하다. 탁월한 경영인들, 훌륭한 전문가들, 뛰어난 교육가들은 어떻게 보면 자기 그룹 내에서 유별난 사람들이다.

누구나 자신이 속한 집단에서 고립되지 않으면서도 혁신적인 아이디어를 내고 싶어할 것이다. 하지만 그것은 쉽지 않다. 남들과 똑같은 생각을 해서는 결코 대단한 존재가 될 수 없기 때문이다. 그 두 가지는 양립할 수 없다. 그러므로 새로운 생각을 떠올리기 위해서는 일부러라도 자신이 속한 집단의 사고에서 벗어나려고 노력할 필요가 있다.

09 지식의 역할
펜은 칼보다 강했던 적이 없다

피터 드러커는 『단절의 시대The Age of Discontinuity』에서 역사적으로 지식인이 권력을 쥔 적이 없다고, 적어도 서양에서는 그렇다고 말했다.

지식인이 왕실에서 맡은 역할이 있다면 그것은 궁정의 어릿광대였을 것이다. 펜은 칼보다 강하다는 옛말이 있지만 사실 인류의 역사를 돌이켜보면 이 말은 별로 들어맞았던 적이 없다.

지식은 고민 많은 자들에게는 위안이, 부유한 자들에게는 즐길 거리가 되어주었다. 후자의 경우 지식을 추구할 형편

성격을 바꿔야 운명이 바뀐다

은 되었지만 그래도 지식이 권력이 되지는 않았다. 사실 비교적 최근까지도 지식이 보장해줄 수 있는 유일한 자리는 권력자의 하수인 자리밖에 없었다.

19세기 중반까지 옥스퍼드 대학과 케임브리지 대학은 성직자를 양성했다. 이 유럽의 대학교들은 공무원을 배출했던 것이다. 불과 한 세기 전 미국에 설립된 경영대학원들도 기업가를 양성하기보다는 유능한 직원들을 교육시키는 면이 강하다. 그런데 드러커는 또 이렇게 말했다.

> 그러나 지금은 지식이 권력을 갖고 있다. 지식을 갖고 있는 사람에게는 승진을 비롯한 더 좋은 기회가 열려 있지만 그렇지 않은 사람에게는 아무런 기회도 없다.

그의 말처럼 이제 지식은 성공으로 가는 기회를 좌우한다. 과학자들이나 학자들이 권력자에게 이용당하는 시대는 지나갔다. 이제 그들도 이용하는 자리에 올랐다. 정책 입안자들이 귀를 기울여야 하는 대상이기도 하다. 학자라고 해서 더 이상 가난하지도 않다. 오히려 지식 사회에서 그들은 진정한 자본가들이다. 드러커가 언급했듯이 이들은 공익을 위해서라도 계속 지식을 추구해야 할 의무가 있다.

그러므로 하루에 한 시간이라도 지식을 쌓는 데 시간을 쓰는 것은 삶에서 중요한 세 영역(가정생활, 일과 취미, 소득) 모두에 도움이 되는 최고의 생활 습관이다.

성격을 바꿔야 운명이 바뀐다

안전인가 성장인가

위험을 무릅쓰는 순간 성장은 시작된다

에이브러햄 매슬로에 따르면 자아실현을 위한 성장은 당연하고 필수적인 것이다. 여기서 성장은 재능, 역량, 창의력, 지혜, 인성의 지속적인 함양을 말한다. 바꿔 말하면 성장이란 점차 수준이 높아지는 심리적 욕구를 점진적으로 충족시키는 것이다.

매슬로의 말을 빌리자면, '인간은 더욱 충만한 존재가 되어야 하고, 자신의 인간성을 더욱 완전하게 실현해야 한다는 압박감을 본능적으로 느낀다. 이는 도토리가 상수리나무가 되어야 한다고 스스로를 압박하는 것과 생물학적으로 같은 맥락이다'.

누구나 아이였을 때는 이 본능에 충실하지만 어른이 되면서 점차 이것을 상실하고 만다. 바로 이 점이 우리가 기억해야 할 포인트이다.

육체적인 성장이나 일적인 능력의 성장뿐 아니라 심리적인 성장도 마찬가지 맥락이다. 위험을 감수하고, 실수를 무릅쓰고, 습관을 바꾸려고 지속적으로 노력하는 과정을 거치면서 마음도 성장해나간다.

매슬로는 또 이렇게 말한다.

'사람들 앞에는 안전 쪽으로 후퇴하는 길 그리고 성장 쪽으로 전진하는 길이라는 두 선택지가 있다. 우리는 몇 번이고 반복해서 후자의 길을 선택해야 한다.'

매슬로는 또한 자칭 '요나 콤플렉스Jonah Complax'라는 것을 제시했다. 요나 콤플렉스란 사람들이 자신의 능력, 훌륭해질 수 있는 잠재력을 의심하거나 심지어 두려워하는 심리를 말한다.

성격을 바꿔야 운명이 바뀐다

의외로 많은 사람들이 자기 안에 잠재돼 있는 최대의 가능성(최악의 가능성도)을 의심하거나 두려워한다. 대개의 경우 자신이 가장 완벽한 순간에, 가장 완벽한 조건에서 용기를 내야 하는 바로 그 순간, 오히려 스스로를 의심하는 것이다.

자, 안전으로 후퇴할 것인가, 성장 쪽으로 전진할 것인가. 선택은 당신의 몫이다.

인간에게는 누구나 스스로 생각해서 문제를 해결하는 능력
이 잠재돼 있다. 만약 자신이 이미 갖고 있는 이 능력을 과소
평가하고 있다면 뇌과학자들의 최신 연구를 살펴볼 필요가
있다.

UCLA 뇌 연구소는 인간의 뇌에는 어마어마한 능력이 잠
재되어 있다는 걸 밝혀냈다. 이 연구 논문에 따르면 뇌에 잠
재돼 있는 창의력은 무한하다고 표현할 수 있을 정도다.

연구를 진행하고 있는 뇌과학자들은 인간의 뇌가 품고 있
는 어마어마한 예비 능력에 놀라고 있다. 러시아의 한 저명

한 학자는 이렇게 말했다.

> "먹고, 자고, 일하는 생활패턴 속에서 뇌는 극히 일부분만을 소비한
> 다. 뇌가 갖고 있는 역량의 절반만이라도 풀가동할 수 있다면, 많은
> 사람들이 아무 어려움 없이 40개 언어를 구사하고 백과사전을 처
> 음부터 끝까지 다 외우고 수십 개 대학의 필수 과목을 이수할 수 있
> 을 것이다."

그의 말만 들으면 나를 포함한 많은 사람들이 얼마나 뇌를 아끼며 사는 데 익숙한지 깨닫게 된다. 인간의 뇌에는 기계에 탑재된 그 어떤 부품을 능가하고도 남는 네 가지 능력이 있다.

첫째, 뇌는 빨아들이는 능력, 온갖 정보와 지식을 흡수하는 능력이 있다. 우리는 읽고 듣고 냄새 맡고, 맛보고 만져서, 즉 오감을 모두 동원해서 이걸 해낸다. 인간의 정신은 출입구가 활짝 열려 있는 끝없는 울타리와 같다.

둘째, 뇌는 지식을 보유하고 있다가 인출하는 능력이 있다. 뇌는 1초당 600비트가 넘는 정보를 획득하고 저장하고 인출하는 능력이 있는데 이 프로그램에 의하면 저장돼 있는

정보를 언제든 불러내 쓸 수도 있고 추가 정보를 입력할 공간도 무제한이다.

셋째, 인간의 판단, 사고 능력은 뇌의 기능 중 하나다. 뇌에 팩트에 기반한 정보를 많이 공급하면 할수록 논리적으로 사고하는 능력은 좋아진다.

넷째, 뇌의 능력 중 그 무엇보다 대단한 능력은 상상하는 능력, 창의적으로 사고하는 능력, 모든 아이디어를 가져다가 새로운 연결고리로 결합해내고, 꿈을 꾸고, 현재 존재하지 않는 것을 생각해내고, 정신이라는 무의식의 타임머신을 타고 미래로 여행하는 능력이다. 이 능력이야말로 인간을 인간답게 만들어주는 가장 뛰어난 능력이다.

물론 알다시피 모든 사람이 자기 뇌의 능력을 다 발휘하며 사는 것은 아니다. 다만 우리가 아는 것은 자신의 잠재력, 진짜 역량을 발휘하며 사는 사람들에게는 삶의 활력과 생명력이 넘친다는 사실이다. 나는 내 두뇌의 잠재력을 몇 % 발휘하며 살고 있을까? 무기력해지는 순간 스스로에게 이 질문을 던져보자.

12 상상력

'왜?'라는 질문을 스스로에게 던져보자

상상력은 그 무엇보다 중요하다. 인생은 내가 어떤 상상력을 발휘하느냐에 따라 결정된다.

아이는 자신이 늘 올려다보는 어른들처럼 걷고 있다고 상상한다. 걸을 수 있게 되자마자 아이는 뛰고 싶어 한다. 어느 정도 성공한 사람은 그다음 성공 지점에 도달한 자신의 모습을 상상하기 시작한다. 이처럼 상상력은 우리를 매일매일 더 큰 세계로 이끈다.

하지만 사람이 늘 좋은 상상만 하는 건 아니다. 잘못하면 오히려 혼란스러운 세계로 스스로를 빠트리기도 한다.

그러므로 상상력을 발휘할 때는 늘 단순해지려고 노력하는 것이 현명하다.

삶의 세 가지 부문(가정생활, 일과 취미, 소득)에서도 마찬가지다. 모든 것을 최대한 재미있고 보람차게, 골치 아프지 않게 처리하면서도 그와 동시에 단순하게 유지하려고 노력하는 게 좋다.

당신은 당신 스스로 원하는 삶을 살고 있는가? 아니면 남들이 정해놓은 기준에 따라 판에 박힌 삶을 살고 있는가? 대부분의 사람들이 이 두 가지가 섞인 채 살아간다. 은연중에 '남들이 좋다고 말하는 데에는 다 이유가 있겠지' 하고 따라가는 경우가 더 많다. 하지만 그렇게 인생을 살다가 어느 순간 루이스 멈퍼드Lewis Mumford, 미국의 철학자 · 역사가 · 문명비평가가 말한 '그림자 인생'이 바로 내 인생이라는 것을 깨달으면 허무함에 무너지고 만다.

이 세상 어떤 동네에 가도 '딱 그런 식으로' 살고 있는 사람들을 쉽게 찾을 수 있다. 집, 정원, 가구, 여행 등등 남들이 좋다는 방식대로 따라 하는 사람들. '왜?'라는 질문을 스스로에 던지지 않은 채 남들이 좋다는 방식대로 살아가는 사

성격을 바꿔야 운명이 바뀐다

람들. 물론 그렇다고 해서 뭔가를 꼭 바꿔야 한다는 말은 아니다. 적어도 이것이 내가 선택한 삶인지 스스로에게 물어보라는 말이다.

그렇다면 삶의 중요한 세 영역(가정생활, 일과 취미, 소득)에 상상력을 동원하려면 어떻게 해야 할까? 우선 이렇게 자문해봐야 한다.

'나는 가족들을 사랑하기 위해 상상력을 어떻게 이용하고 있는가?'

대부분의 사람에게 가족은 인생에서 가장 중요한 부분이다. 그러므로 가족은 상상력을 경작할 수 있는 비옥한 땅과 같다. 가족들에게 사랑을 표현할 때 상상력을 동원해보자. 그러기 위해서 따로 시간을 갖고 아이디어를 짜보자. 가족들의 말과 행동, 주변 환경을 되돌아본 다음 그에 맞게 무엇을 하면 좋을지 생각해보는 것이다.

그다음으로는 일과 취미 영역에서 어떻게 상상력을 발휘해야 하는지이다. 만약 내가 하는 일에서 상상력을 최대한 발휘해 새로운 아이디어를 만들어냈다면 그것이 회사에 큰 손해를 끼치는 것이 아닌 한 끝까지 고집해보자. 그 과정에서 모든 구성원들에게 사랑받지 못할지라도 어쩔 수 없다. 그렇다고 일부러 적을 만들 필요는 없지만 모든 구성원들의 지지를 받으며 깜짝 놀랄 만한 새로운 일을 추진할 수는 없는 노릇이다.

월트 디즈니는 새로운 아이디어가 있으면 열 사람에게 어떻게 생각하느냐고 묻곤 했다고 한다. 그러고 나서 열 사람이 모두 거부하면 즉시 그 아이디어 구현에 착수했다고 한다. 지금 우리가 누리고 있는 것들 중 과거에 모든 사람들이 불가능하다고 말했던 것들이 얼마나 많은지 생각해보자. 혁신은 원래 반대를 무릅쓰고 탄생하는 법이다.

물론 이 과정에서 필요한 또 다른 요소는 지속적인 공부이다. 재료가 좋아야 훌륭한 요리를 만들 수 있듯이 좋은 원료 없이는 절대로 좋은 아이디어를 얻을 수 없다. 여기서 좋은 원료란 바로 다양한 정보 그리고 적용이다. 매일 다양한 정보를 수집하기 위해 노력하다 보면 나중에는 그 정보가 서로 융합하면서 새로운 아이디어가 끝도 없이 흘러나오게 된다.

성격을 바꿔야 운명이 바뀐다

취미 활동에도 공부와 상상력이 필요한 건 마찬가지이다.

골프나 테니스를 즐기던 사람이 꾸준한 공부와 연습을 통해 게임을 더 잘하게 되면 더욱 큰 재미를 느낄 수 있다. 그 대상이 뭐든 간에 계속 공부하다 보면 잘할 수 있게 되고 잘할 수 있게 되면 열정을 잃지 않게 되는 이점이 있다.

마지막으로 소득을 늘리기 위해서도 상상력, 즉 공부가 필요하다. 하늘 아래 새로운 것은 없다는 말을 당신도 알 것이다. 지금까지 당신이 생각해냈던 좋은 아이디어의 80~90%는 다른 사람에게서 나왔을 것이다. 그렇지 않은가? 이 말은 앞으로도 당신이 다른 사람의 말을 귀 기울여 듣는다면 좋은 아이디어를 계속 낼 수 있고 그것이 당신의 수입을 결정할 수도 있다는 뜻이다. 나의 경우에도 그랬다. 우리 회사는 수년 전 한 지인의 아이디어를 이용해 수백만 달러를 벌어들인 적이 있다. 또 한번은 점심을 먹던 중 어떤 지인이 무심코 아이디어를 건넸는데, 결국 내가 매일 진행하는 라디오 프로그램은 그 아이디어를 바탕으로 탄생했다.

물론 그렇다고 해서 타인의 제안을 무조건 다 수용하라는 말이 아니라는 건 당신도 이해할 것이다. 타인의 말을 무시

하지 않고 듣다 보면 그중 누군가는 당신의 손에 다이아몬
드 한 줌을 쥐어줄 거라는 사실을 잊지 말라는 것이다.

성격을 바꿔야 운명이 바뀐다

차분한 태도
위대한 사람들의 대표적인 특징

마찰을 최소화하면서 균형 잡힌 삶을 사는 것은 중요하다. 알다시피 학자들도 성경에 나오는 다음과 같은 경고에 동조한다.

'노하기를 더디하는 자는 용사보다 낫고, 자신의 마음을 다스리는 자는 성을 빼앗는 자보다 나으리라.'

인생은 내면의 힘으로 사는 것이기에 중요한 것은 마음에서 일어나는 일이지 외부에서 벌어지는 일이 아니다. 만약 이 사실을 간파할 수만 있다면 많은 것이 달라진다. 주변에서 무슨 일이 일어나든 휩쓸리지 않고 나만의 속도로 살 수 있다. 또한 어떤 일이 생겨도 동요하지 않고 객관적으로 사태를 파악하는 힘이 생긴다.

역학(力學)에 대해 조금이라도 아는 사람이면 누구나 마찰이 적이라는 사실을 알 것이다. 레일 위를 달리는 철제 바퀴는 마찰을 거의 소멸 수준으로 줄이기 때문에 놀라울 정도로 적은 동력으로도 어마어마한 무게를 싣고 먼 거리를 이동할 수 있다. 삶도 이와 마찬가지다. 인생에서 일어나는 여러 가지 마찰을 최소화한다면 훨씬 더 많은 일들을 수월하게 처리할 수 있게 된다.

그러므로 차분함을 기르는 것은 충분히 가치 있는 일이다. 침착함, 차분함은 위대한 사람들이 갖고 있는 대표적인 특징이다. 이들은 앞서갈 수밖에 없다. 모두가 동요할 때 사람들은 자연스레 차분하게 대처하는 사람이 나서주길 바란다.

또한 차분함은 건강 상태에도 큰 영향을 미친다. 스트레스는 만병의 근원이다. 특히 심리적인 압박감은 멀쩡한 사람도 병들게 만든다. 하지만 같은 상황에서도 더 크게 동요

성격을 바꿔야 운명이 바뀐다

하는 사람이 있고 그렇지 않은 사람이 있다. 좋지 않은 일이 생겼을 때 차분함은 그 위력을 발휘한다. 이것은 회복탄력성과도 관계가 깊다. 그러므로 무슨 일이 일어나든 흥분을 가라앉히고 느긋해져보자. 갈등과 마찰이 내 마음에 침투할 수 없게 만든다면 더 많은 일을 훨씬 더 쉽게 해낼 수 있을 것이다.

I4 목표는 한 가지씩

움직이지 않으면 망가진다

아침에 잠에서 깨어난 순간부터 밤에 잠자리에 들기까지 당신의 주의력을 훔쳐가는 요인들은 천 가지가 넘는다. 이들은 소음과 소식, 구경거리 등등으로 당신을 유혹한다. 때로는 미친 듯이 날뛰며 발광하거나 애원하거나, 치근덕거리거나, 겁박하기도 한다. 이때 그저 가만히 그 모든 유혹들에 나 자신을 방치하면 어느 순간 어지러운 팽이처럼 계속 핑핑 돌다가 하루가 끝나버린다.

이렇게 되지 않으려면 당신은 의식으로 들어가는 문 앞에 보초를 세워야 한다. 그렇게 해서 입장할 자격이 있는 것

성격을 바꿔야 운명이 바뀐다

들을 잘 걸러내는 것이다. 그렇게 하지 않으면 온갖 쓸데없는 정보들로 당신의 내면은 금세 오염되고 만다. 그러므로 나의 내면에 입장하려고 하는 것에 최대한 까다롭게 굴어야 한다. 마치 집에 들여놓을 가구나 벽에 걸어놓을 그림을 고르는 것처럼 선별하는 자세가 필요하다. 이런 기준을 제대로 세우면 아주 깐깐해질 수 있다.

나는 운 좋게도 항구 근처에서 자랐다. 어릴 때 시간 가는 줄 모르고 부두에서 배들이 짐을 싣고 내리는 것을 지켜보고는 했다. 좀 더 크자 선원들과 선장들 몇몇은 나를 배로 초대하기도 했다. 오랫동안 내가 왜 그렇게 배를 좋아하는지 그 이유를 생각해봤는데 이제는 그 답이 뭔지 알 것 같다. 배는 한순간도 쉬지 않는다. 파도가 움직이는 방향에 따라 끊임없이 움직이면서 목적지를 향한다. 배를 움직이는 책임자인 선장은 정해진 목적지를 정확히 알고 있다. 그는 이 목적에 대해서는 그 어떤 의심도 혼란스러운 마음도 없다. 오직 목적지를 향해 가야 한다는 것, 그것 외에 다른 일은 배에게 시키지 않는다. 나는 바로 이 점에 매료된 것이다.

내가 선장이고 배가 나의 인생이라고 생각해보자. 당신 주변 사람들 중에 배의 선장처럼 할 수 있는 사람이 몇이나 있을까?

대부분의 사람들이 원하는 건 많은데 정말로 자신이 원하는 게 뭔지 그 목적을 분명하게 알지 못한다. 배가 목적지인 항구에 도착한 후 잠시 휴식을 취하고 나서 또 다른 항구를 향해 출발하듯, 내가 정한 목표를 달성한 후 잠시 쉬었다가 또 다른 목표를 향해 나아가보자. 이런 식으로 하면 그리 오래지 않아 어마어마한 업적을 쌓게 될 것이다. 여기서 주목해야 할 것은 한 번에 한 가지 일에 집중하는 자세다. 그리고 또 한 가지를 생각해보자. 만약 배가 갈 곳이 없어서 부두에 그저 가만히 매여 있게 되면 어떻게 될까? 짐작하다시피 머지 않아 그 배는 항해가 불가능한 상태로 바뀔 것이고 시간이 더 지나면 망가져서 도저히 이용할 수 없는 물건이 되고 말 것이다. 그리고 이건 인간도 마찬가지이다.

그러므로 당신에게도 가고 싶은 목적지가 있어야 한다. 지금 있는 곳보다 더 나은 목적지. 내가 가고 싶은 곳 말이다.

성격을 바꿔야 운명이 바뀐다

지금 당신의 목적지는 어디인가? 그것만 분명하다면 출항 이후 겪게 될 어려움은 아무것도 아니다. 일단 그 목적지를 향해 계속 나아간다면 결국에는 항구에 도달하는 기쁨을 얻게 될 것이다.

15 천재

관습에서 벗어나 사물을 보는 능력

근대 심리학의 선구자라 할 수 있는 윌리엄 제임스^{William} ^{James}는 '천재란 관습에서 벗어난 시각으로 사물을 파악하는 능력을 가진 사람일 뿐이다'고 정의 내린 바 있다.

그의 말대로 천재는 주변의 모든 사물을 독창적인 눈으로 바라본다. 그 어떤 것도 당연하게 여기지 않는다. 한 가지 예를 들어보겠다.

내 친구 중 하나가 대형 고급 호텔을 지을 부지를 찾고 있었다. 그 친구는 전혀 조급해하지 않고 서부 해안의 어떤 도시에서 자신이 투자하려는 금액 대비 높은 수익을 보장해줄

성격을 바꿔야 운명이 바뀐다

만한 부지를 찾기 위해 몇 달을 보냈다.

그러던 중 완벽한 부지를 발견했다. 그 부지는 큰 대학과 큰길 다섯 개가 만나는 교차로 근처였는데, 그 큰길 중 하나가 교통량이 많은 고속도로였다. 그러면서 시내에 있는 부지여서 호텔을 짓는다면 안성맞춤일 거라는 생각이 들었다. 그런데 문제가 하나 있었다. 그곳에 오래된 벽돌 건물이 하나 있었는데 오래전부터 한 제조업체가 공장으로 운영하고 있었던 것이다.

친구는 그 업체의 소유주에게 찾아가 지가의 몇 배를 쳐줄 테니 자신에게 부동산을 팔고 덜 붐비는 장소로 옮겨 공장을 지으라고 설득했다. 결국 소유주도 이에 동의하면서 계약이 성사되었다. 그 이후 친구는 그 오래된 공장 건물을 철거하고 아름다운 신축 호텔을 지었다.

그런데 나중에 알고 보니 그 친구 말고 다른 호텔업체 사람들도 그 부지를 탐냈지만 이미 공장 건물이 들어서 있어서 포기했다는 것이다.

윌리엄 제임스의 정의에 따르자면 이 친구는 천재가 아닐 수 없다. 우선 그 모퉁이 땅을 관습에서 벗어난 시각에서 바라봤고, 이미 들어서 있는 공장에 대해서도 새로운 시각으로 볼 줄 알았다. 결국 그는 문제를 해결했다. 결과적으로 그의 천재성 덕분에 그 부지뿐 아니라 주변 지역사회의 많은 사람들이 이득을 보았다.

그런데 이와 같은 천재적 발상은 꼭 위대한 사람만 할 수 있는 건 아니다. 당신과 나 같은 평범한 사람들도 일상생활에서 늘 하던 방식이나 관점에서 약간 벗어난다면 지금까지와는 전혀 다른 방법이 튀어나올지도 모른다.

어쩌면 나의 일이나 관계, 삶의 방식에서도 오래된 건물 같은 낡은 방식이 있을지도 모른다. 너무나 익숙해서 그것을 알아차리지 못할 뿐이다. 혹은 보고 있으면서도 그 건물은 늘 그 자리에 있는 거라고 당연하게 생각했을 수도 있다. 그러므로 낡은 방식을 바꾸고 싶다면 윌리엄 제임스의 말을 다시 한번 되새기자.

'천재란 관습에서 벗어난 시각으로 사물을 파악하는 능력을 가진 사람일 뿐이다.'

성격을 바꿔야 운명이 바뀐다

동기부여

인간을 움직이게 만드는 다섯 가지 요소

W. 맥닐 딕슨W. MacNeile Dixon, 영국의 철학자은 『인간의 상황The Human Situation』에서 '뭔가를 성취하려면 흥미와 동기가 뒷받침돼야 한다. 이는 목적지를 향해 불을 밝혀주는 별과 같다. 밝게 빛나는 별을 보면서 아무런 의심 없이 그저 따를 수 있어야 한다. 그것이 없으면 아무것도 이루어낼 수 없다'라고 썼다.

그의 말처럼 뭔가를 해내야 할 때는 동기를 파악하는 게 첫 번째 할 일이다. '사람들에게 동기부여가 되는 것과 되지 않는 것이 무엇인가'라는 흥미로운 주제가 궁금하다면 존

프라이스^{John Price, 미국의 수학자이자 투자 소프트웨어 개발자}의 『경영의 재미 The Enjoyment of Management』를 읽어보자. 그는 수 세기 동안 인간에게 동기부여가 되었던 다섯 가지 요소에 대해 말한다. 그것은 바로 급여, 지시, 징계, 저활용, 각종 행사이다. 그런데 이 다섯 가지가 오늘날에도 여전히 통할까?

1. 급여

급여는 자신이 정한 대로 쓸 수 있는 소득인데 문제는 얼마나 재량권이 있는가이다. 월세, 자동차 할부금, 전화요금, 각종 세금을 내고 나면 쓸 수 있는 돈이 얼마 없는 경우도 있다. 그럴 때는 제대로 된 동기부여가 될 수 없다. 대부분의 사람들은 자신이 받는 급여가 일에 대한 당연한 대가라고 생각한다. 하지만 급여가 사람의 행동을 중간치에서 최대치로 바꿔주지는 않는다. 그러므로 급여가 동기의 주요인이라고 볼 수는 없다. 단지 소속의 동기가 되어줄 뿐이다. 결론적으로 말하자면 급여는 어떤 조직에 들어가거나 혹은 나갈 동기를 주긴 하지만 능력을 최대치로 발휘할 동기를 부여하지는 않는다.

성격을 바꿔야 운명이 바뀐다

2. 지시

어떤 상사는 세부적인 지시를 내리면서 부하의 독립적인 성향을 억누른다. 이럴 경우에는 조직의 분위기 자체가 경직된다. 유감스럽게도 그런 분위기의 조직에서는 동기부여가 불가능하게 된다.

3. 징계

전형적인 동기 요인의 세 번째인 징계는 여전히 유효하지만 노동조합이 일반화되고 개인의 가치가 높이 평가받는 현대 사회에서는 점점 더 작동하기 힘들어졌다.

4. 저활용

오늘날과 같은 산업 사회가 직면한 최대의 문제는 단연코 노동력의 저활용이다. 저활용은 그 자체로 개인의 생산성을 최대로 끌어올리는 데 있어 최대의 방해물이다. 하지만 그보다 심각한 것은 저활용이 근로조건의 거의 모든 면, 즉 급여, 지시, 징계뿐 아니라 조직의 온갖 목표와 이윤, 생산, 사기 등과도 관련이 있다는 사실이다. 저활용이 낳는 중대한 결과는 이직이다. 재능 있는 젊은이들은 자신이 제대로 활용되지 못하고 있다는 사실을 인지하면 그만두기 때문이다. 어떤 업계든 마찬가지겠지만 이직은 리더들의 가장 큰 골칫 거리이다.

5. 각종 행사

마지막으로 일에 지친 사람들에게 한 템포 쉬어 갈 수 있게 제공하는 사내 행사는 더 이상 사람들에게 동기부여가 되지 못한다.

따라서 모세, 율리우스 카이사르, 클레오파트라 이후 역사상 존재했던 동기부여의 다섯 가지 요소는 이제 더 이상 통하지 않는 시대가 되었다. 프라이스는 책을 통해 요즘 시대에 통하는 동기부여 요인 다섯 가지에 대해서도 이야기한다. 그것은 성장, 성과, 책임감, 인정, 일에 대한 호감도이다.

1. 성장

성장에는 두 가지 유형이 있다. 조직의 성장과 자기계발에 관련된 성장이다. 사람이 자기가 하는 일에서 의미를 찾으려면 자신이 속한 조직이 성장하거나 혹은 자신의 능력이 업그레이드되어 승진 혹은 출세할 기회가 있어야 한다.

성격을 바꿔야 운명이 바뀐다

이를 실천하는 방법에는 포상 제도, 승진 제도, 성과급, 연수 프로그램 등이 있을 것이다.

2. 성과

인간 행동을 연구하는 전문가들에 따르면 성과는 조직의 구성원이 가질 수 있는 욕구 중 가장 중요한 것이다. 자신이 정말 중요한 일을 하고 있다는 생각이 들지 않으면 사람은 그저 그런 결과물을 내놓을 가능성이 높다.

3. 책임감

책임감은 업무 성과를 극대화하기 위해 반드시 충족되어야 하는 요소다. 대체로 사람들은 자신이 책임지고 있는 일을 관리자가 대신 해주기를 바라지는 않는다. 사실 모두가 자기 일에 대해서 관리자인 것이다. 그러므로 자기 일에 자부심과 책임감을 갖도록 유도하는 것이 진짜 관리자들이 할 일이다.

4. 인정

일상생활에서 가장 중요한 네 마디 말이 있다. 그 네 마디 란 바로 "대단하세요", "당신은 어떻게 생각하세요?", "~해주 시겠어요?", "감사합니다"이다. 모두 단순하기 짝이 없는 말 이지만 상대방의 존재를 인정해주면서 행동을 유도할 수 있 는 돈 안 드는 방법이다.

5. 일에 대한 호감도

동기를 부여하고 성과를 극대화하는 마지막 비법은 자신 이 그 업무를 얼마나 좋아하는가이다. 자기가 하는 일에 대 해 기본적인 호감이 없으면 아무리 좋은 동기부여 방법을 동원해도 소용이 없다. 그렇다고 해서 자기 일을 취미처럼 즐기지 않으면 가망이 없다고까지 말할 수는 없지만 근본적 으로 일에 대한 호감이 있어야 한다. 이 요소는 누가 대신 만 들어줄 수 없는 개인의 고유한 선택이다.

성격을 바꿔야 운명이 바뀐다

17 세렌디피티
행운이란 준비된 사람의 눈에만 보이는 것

새로운 아이디어를 떠올리는 과정에서 재미를 느껴본 적이 있는가? 만약 그렇다면 우연히 벌어진 사건, 예상치 못한 일이 생겼기 때문일 것이다. 그 어떤 목표든 뭔가를 달성하는 과정에서 이런 일들은 필연적으로 벌어진다.

세렌디피티란 '예기치 못한 행운'을 뜻한다. 이 단어는 영국 작가 호레이스 월폴Horace Walpole이 『세렌디프의 세 왕자The Three Princes of Serendip』라는 오래된 동화 제목에서 영감받아 만든 말이다. 이 동화 속 왕자들은 무언가를 찾아 모험에 나

서고 늘 흥미로운 것들을 발견한다. 그들이 특별히 운이 좋았기 때문일까? 당연히 아니다. 당신도 나도 뜻밖의 행운을 발견할 수 있다. 그 비결은 자신이 어떤 신념을 갖고 있느냐에 달려 있다. 당신 주변에 운이 좋은 누군가가 있다면 그를 한번 조사해봐라. 아마도 그 사람은 늘 새롭고 흥미진진한 일을 찾느라 긍정적인 마인드로 바쁘게 살고 있을 것이다. 행운은 그런 사람들 눈에만 보이는 법이다. 늘 내 곁에 행운이 있지만 그것을 발견할 눈을 갖고 있지 않으면 있다가도 사라진다는 걸 알아야 한다. 이것이 바로 세렌디피티의 진리다.

항상 몸을 사리고, 도전을 꺼리는 사람들은 세렌디피티를 만날 기회가 주어지지 않는다. 거꾸로 말하자면 위험을 무릅쓰는 것만으로도 세렌디피티가 가까이 다가온다. 어떤 분야에서 일하든 당신에게 행운을 가져다줄 기회는 도사리고 있다. 그렇게 한번 믿어보자. 내가 생각하기에 충분히 가치 있는 일, 그 일에 대한 목표가 있기만 하다면 당신도 세렌디피티를 자주 만나게 될 것이다.

성격을 바꿔야 운명이 바뀐다

세렌디피티, 그것을 원한다면 우선 내가 할 수 있는 일은
탐색, 즉 방랑밖에 없다.

18 언어와 상상력

뻔한 말을 하기 전에 상상력을 발휘하자

『문학의 구조와 상상력The Educated Imagination』에서 노스럽 프라이Northrop Frye, 캐나다의 문학비평가는 언어의 세 가지 종류에 대해 말했다.

첫 번째는 사실에 대한 인식과 관련된 것으로 주로 명사와 형용사로 이루어져 있다. 이때 언어는 세상에 존재하는 사물들을 지칭한다.

두 번째는 실용적인 언어다. 세상에 적응해서 살아갈 때, 주변 사람들 혹은 자신을 둘러싼 환경과 관계를 맺고 살아

성격을 바꿔야 운명이 바뀐다

갈 때 쓸 수 있는 언어를 말한다. 이 카테고리에 속한 언어 중 가장 발전된 형태가 과학의 언어다.

그리고 마지막으로 가능성의 언어를 들 수 있다. 이것은 인간의 상상력을 표현하는 언어로 희망의 언어라고도 말할 수 있다. 이 언어는 쉽게 말하자면 내가 정한 목표나 이상을 명확하게 표현할 때 쓸 수 있다. 인간의 열망과 천재성이 발현되어 비로소 마음을 움직이게 하는 언어가 바로 이 카테고리에 속한다. 프라이에 따르면 이 언어는 영어도, 러시아어도, 중국어도 아니다. 똑 부러지게 공통의 원류가 있다고도 말할 수 없다. 말하자면 이것은 인간 본성의 언어, 셰익스피어와 푸시킨을 진정한 시인으로 만들어주는 언어, 링컨과 간디에게 사회적 비전을 제시해준 언어라 할 수 있다. 이 언어의 특징은 우리가 먼저 시간을 내어 그 목소리를 들으려고 노력하지 않으면 절대 먼저 말 걸지 않는다는 것이다. 또 너무 고요하게 말하기 때문에 겁을 먹거나 당황하게 되면 목소리가 들리지 않는다.

이 세 가지 중 마지막 가능성의 언어만이 유일하게 인간의 상상력을 자극한다. 물론 앞서 두 언어도 상상력을 이용할 수는 있지만 어디까지나 실용적인 도구로 쓰일 뿐이다.

프라이는 학문적 근거와 함께 인간에게 상상력이 얼마나 중요한지를 역설한다. 그는 상상력도 연습을 통해 한계를 뛰어넘을 수 있다고 말한다.

우리 안에는 군중심리에 휩쓸리고 싶어 하는 무언가가 있다. 군중심리에 휩쓸리면 깊이 생각하지 않고 남들과 똑같은 말을 반복한다. 사람들이 열광하는 대상이 있다면 아무 비판 없이 열광하고 증오하는 대상이 있다면 똑같이 증오한다.

그러니 내가 하고 싶은 말이 군중심리에 휩쓸린 말인지, 정말 내가 생각해서 한 말인지 말하기 전에 다시 한번 점검해봐야 한다. 이때 상상력을 발휘하게 해주는 것이 바로 가능성의 언어다. 주변 사람들의 심리에 동요하지 않고 상상력을 발휘할 때야말로 우리는 진정 문명의 편에 서게 되는 것이다.

성격을 바꿔야 운명이 바뀐다

19 직관

실패는 직관 능력을 키우는 가장 좋은 기회

인류가 세상을 다 정복한 것 같지만 세상에는 아직도 이해하지 못할 일이 수없이 벌어진다. 인간은 단지 이 넓은 세상을 이해하는 지식의 세계에 조심스러운 첫발을 내디뎠을 뿐이다.

여기서 내가 하고 싶은 말은 우리가 사는 곳에 마치 공기처럼 어느 곳에나 신비로운 뭔가가 존재한다는 것이다. 사실 정확하게 그게 뭔지는 나도 잘 모른다. 아마도 그걸 아는 사람은 아무도 없을 것이다. 하지만 불가사의한 일들은 분명히 일어나고 있고 나에게도 영향을 미친다. 때때로 이런 일들은 마치 마법처럼 일어나 사람들이 원하는 것을 이뤄주기도 한다.

클리퍼드 에클스라는 남자는 오랫동안 자영업자가 되는 꿈을 꿔왔다. 그는 평생을 쥐꼬리만 한 월급을 받으며 식료품점 점원으로 일했다. 어느 날 그는 에머슨이 남긴 문장을 우연히 알게 되었는데 충격을 받아 거의 쓰러질 뻔했다. 그것은 바로 '마음먹은 일을 하면 그 일을 해낼 힘이 생기지만 마음먹은 일을 하지 않으면 그 일을 해낼 힘이 생기지 않는다'였다.

이 문장에서 영감받은 그는 전 재산을 담보로 잡고 주요 거래처들로부터 외상을 받았는데, 몇 년 뒤에는 1년에 백만 달러를 벌어들이는 거상이 되었다. 후에 그는 이렇게 말했다.

"마음먹은 일, 오랫동안 꿈꾸던 일을 시작하다 보니까 어느 순간 제가 그 일을 해낼 능력이 충분하다는 것을 서서히 깨달은 것 같아요. 계속 좋은 아이디어가 떠올랐고 하나하나 실행하다 보니 어느새 다 현실로 다가오더라고요. 그렇게 되니까 점점 더 자신감이 붙었고 나 자신에 대해서도 믿음이 생긴 거죠. 그래, 나는 충분히 잘할 수 있어,

성격을 바꿔야 운명이 바뀐다

라는 믿음이랄까요. 원래부터 갖고 있던 능력인데 미처 깨닫지 못했
을 뿐이었던 거죠."

대부분의 사람은 인생이라는 게임을 어떻게 컨트롤해야
하는지 정확하게 알지 못한다. 만약 클리퍼드 에클스처럼
당신도 자기 안에 내재된 힘을 자각하게 된다면 인생은 놀
람의 연속으로 전환될 것이다. 북아메리칸 록웰 코퍼레이
션의 CEO인 윌러드 F. 록웰 2세는 저서 『어떤 회사 사장의
12개 모자The Twelve Hats of a Company President』에서 이렇게 말한다.

'세상에서 가장 용한 점쟁이는 점쳐보기를 멈추지 않는다. 되든 안
되든 부딪쳐보고 추측하는 훈련을 하라. 사실 정보를 모조리 수집한
다음 그것을 이성적으로 분석하되 겁내지 말고 직관이라는 살짝 불
가사의한 요소를 가미해보라. 만약 무언가가 당신에게 어떤 사건이
특정한 방향으로 풀릴 거라고 알려준다면 왜 그런 느낌을 받았는지
궁리해보라. 그렇게 직관의 능력을 키워보는 것이다. 그 이유를 정
확하게 이해하든 못하든 직관의 능력이 좋아지면 당신의 창의력 역
시 좋아질 수 있기 때문이다.'

체스나 골프, 테니스에서 상대를 이기려면 수를 둬야 한다. 선제공격을 해야 하고, 위험도 감수해야 한다. 내가 가진 모든 수가 어떤 결과를 낼지 미리 알 방법은 없고 백전백승할 수도 없다. 져보기도 하면서 수를 늘려나가야 한다. 그러나 질까 봐 위험을 감수하지 않는 사람은 이길지도 모르는 가능성을 저버리는 사람이다. 이들은 직관 능력을 키울 기회마저 잃어버린다. 지혜롭다고 불리는 사람은 모든 경우의 수를 두루두루 섭렵한 후 직관이 발달한 사람인 경우가 많다. 이들은 자신이 마음을 먹게 되면 내면에 저절로 힘이 솟아난다는 것을 인지하고 있다. 또한 세상을 지배하는 불가사의한 일들에 대해서도 열려 있다.

살다 보면 가끔 이유도 모른 채 자신이 나아갈 방향을 감으로 터득하는 때가 있는데, 이때 발동하는 것이 바로 직관 혹은 육감이라 부르는 능력이다. 똑똑한 사람이라면 직관적으로 느낌이 왔을 때 바로 행동에 들어간다. 기회는 행동에 들어가는 자가 움켜잡는 법이다.

성격을 바꿔야 운명이 바뀐다

20 성공 비결
문제를 발견하는 능력

최고의 자리에 오르려 노력하는 사람들은 큰 조직에서 일할 때도 자기 사업을 할 때 못지않게 흡족함을 느낄 수 있다. 어떤 경우에는 소규모의 자기 사업을 할 때보다 훨씬 더 큰 보람을 느끼기도 한다. 사실 개인의 힘으로는 대기업이 이루어내는 큰일들을 해내기 쉽지 않다.

예를 들어 월슨 씨가 평생을 근무하면서 혼자 힘으로 또 하나의 제너럴 모터스를 만들어내기는 힘들다. 월슨 씨가 수백만 달러를 모으거나 기업가가 되어 해마다 60만 달러를 벌어들이기도 어렵다. 월슨 씨는 그 모든 것을 대기업 직원으로 일하면서 해냈다. 그는 회사에서 동원할 수 있는 자금으로 수많은 프로젝트를 성사시켰다. 그가 작은 조직에서 일했거나 소규모의 자영업자였다면 느끼기 힘든 만족감이었을 수도 있다.

월슨 씨처럼 큰 조직에서 성공을 일궈내는 사람들의 비결은 뭘까? 하버드 경영대학원에서 진행한 연구에 따르면 이들은 문제 해결사가 아닌 문제 발견자라고 한다. 말 그대로 문제가 뭔지 인지하고 발견해내는 사람이다. 이들은 문제를 다른 사안과 구별해내고 그 해결책을 모색한다. 다른 말로 하면 상상력을 연마하는 사람이라고도 말할 수 있다.

이들에 대한 노트르담 대학의 연구도 흥미롭다. 이들은 문제를 발견하고 조직을 위기에서 벗어나게 하는 능력이 있기 때문에 높은 연봉을 받을 자격이 충분하지만 만약 그 조직에 위기가 없을 때는 그 능력을 발휘할 기회가 아예 없다는 것이다. 극단적으로 표현하자면 위기가 닥쳤을 때 30초 만에 문제를 발견해내서 1년 치 연봉을 받는 사람들인 것이다. 하지만 위기가 닥치지 않았다면 업무 시간의 대부분은 느긋하게 앉아 조종만 하고 있는 항공기 조종사와 비슷하다.

성격을 바꿔야 운명이 바뀐다

또한 정말 중요한 문제를 미리 발견해내는 사람들은 극히 드물다. 정말 뛰어난 임원들은 그 문제가 발생하기 훨씬 전에 문제를 감지하고 미리 예방하는 능력을 가진 사람들이다.

21 스트레스가 몸에 미치는 영향

심호흡부터 시작하기

수많은 연구에 따르면 인생에서 큰 위기를 겪은 사람의 경우 1, 2년 안에 병에 걸릴 위험이 75%나 더 높은 것으로 밝혀졌다.

위기의 정도가 심각할수록 큰 병에 걸릴 가능성도 높아진다. 물론 위기가 닥쳐도 회복탄력성이 좋아 방탄유리처럼 튕겨내버리는 사람도 있긴 하다.

하지만 그건 쉬운 일이 아니며, 그가 제아무리 깨달음의 경지에 올랐다고 하더라도 심리적 타격은 몸에 영향을 미친다.

성격을 바꿔야 운명이 바뀐다

그런데 사람들은 위기와 몸의 반응 사이에 시간차가 있기 때문에 이를 잘 감지하지 못한다. 사람에 따라 다르지만 경우에 따라서는 사건을 겪은 이후 몸에 이상 반응이 나오기까지 굉장히 오랜 시간이 걸리기도 하기 때문이다.

하지만 정신적인 스트레스가 지속되는 시간 동안 이를 제대로 해소하지 못하면 병에 걸리거나 사고를 당할 수 있다는 걸 분명히 알아야 한다.

스트레스를 해소하는 방법은 사람마다 천차만별이지만 그중 기본은 매일매일 차분하고 침착한 태도를 유지하는 연습을 하는 것이다. 이것만 잘해도 몸과 마음을 건강하게 유지할 수 있다. 또 이런 연습을 잘해두면 집에서든 회사에서든 얻을 수 있는 이점이 많다.

첫걸음은 심호흡이다. 숨을 크게 들이쉬고 마음속으로 5초를 센 다음에 크게 내쉬어보자. 심호흡은 훌륭한 긴장 완화제이다.

22 설득의 대화법
FEEL-FELT-FOUND

누군가를 당신 사고의 흐름에 따라 설득하고 싶을 때, 특히 무언가를 팔려고 노력 중일 때 써먹으면 좋은 아이디어를 소개하겠다. 그것은 바로 상대방의 사고방식을 당신의 사고 방식으로 바꾸는 'FEEL-FELT-FOUND'라는 방법이다. 상대방이 당신의 요점에 반박할 때 다음과 같은 순서로 말해 보는 것이다.

1단계. 당신이 어떤 기분일지 알 것 같아요.

2단계. 그렇게 느끼는 분들이 많더라고요.

성격을 바꿔야 운명이 바뀐다

3단계. 그런데 이런 점도 있더라고요. 제 말 한번 들어보실래요?

첫 번째 "당신이 어떤 기분일지 알 것 같아요"는 공감을 표하는 말로 상대가 내 말을 거부하지 않도록 하는 데 도움이 된다. 두 번째, "그렇게 느끼는 분들이 많더라고요"는 상대의 의견이 일리가 있다는 것을 표명하는 말이다. 이 말을 들은 사람은 지지받는 느낌이 들어서 더욱 안심하게 된다. 세 번째, "그런데 이런 점도 있더라고요. 제 말 한번 들어보실래요?"는 먼저 허락을 구함으로써 마음을 여는 데 도움이 된다. 상대는 이야기를 들으면서 혹시 자신이 놓치고 있는 점이 있었는지를 생각해보게 된다.

이 3단계 대화법은 상대의 기분을 상하게 하지 않으면서도 방어 기제를 제거해나가기에 적당하다.

또한 이 방법은 동료와 잠재적 고객뿐만 아니라 배우자 및 자녀에게도 통한다. 무조건 나의 의견을 관철시키려는 자세보다는 상대의 심리를 간파해서 상대가 원하는 것이 뭔지 그것을 파악한 후에 이 대화법을 사용해보자. 그러면 적중률은 더 높아질 것이다.

23 장애물이 나타났을 때

계속 직진하라

오랫동안 내가 가장 좋아한 책은 케네스 구드의『원하는 것
을 얻는 법 How to Win What You Want 』이다. 이 책에서 구드는 당신
이 원하는 것을 얻기 위한 비법을 알려준다.

만약 당신이 고용된 직원이라면, 당신의 상사나 고용인을
지지한다는 걸 보여줘야 한다. 그렇다고 그들에게 무조건적
으로 복종하라는 말이 아니다. 적당한 때가 되면 당신은 적
어도 딱 한 가지 면에서라도 상사나 고용인보다 자신이 훨
씬 똑똑하다는 사실을 증명해보여야 한다. 물론 쌍방에게

성격을 바꿔야 운명이 바뀐다

이익이 되는 방식이어야 할 것이다.

또 만약 당신이 자영업자라면 무조건 직진해라. 장애물이 있어도 계속 직진해야 한다. 눈앞에 장애물이 나타났을 때, 이것이 이 일을 그만두라는 신호인가 하고 착각하는 사람이 많다. 이 시점에 어떻게 생각하느냐가 성패를 가르는 중요한 시험대가 될 수 있다.

이때 진짜 끝내야 하는 때가 오기 전까지 그 어떤 일도 스스로 멈추지 말아야 할 확고한 이유가 적어도 세 가지는 있어야 한다.

첫째. 당신이 사업을 멈춘다면 지금까지 해왔던 일들, 장애물을 어떻게 해결할지 고민했던 그 수많은 논의가 헛것이 되어버린다.

둘째, 그 일에 대한 난이도가 사업을 멈춰야 하는 근거가 되어버리면 감정적으로 엉뚱한 부분을 강조하게 될 가능성이 크다.

셋째, 인간의 판단력은 이것이 기회인지 장애물인지를 잘 구분하지 못한다. 최고와 최악은 원래 같은 모양을 하고 있을 때가 많다. 불행이 행운으로 바뀌는 경우가 있는가 하면 누가 봐도 좋은 일이 비극의 씨앗이 되기도 한다.

단적인 예로 월터 헌트의 이야기가 있다. 그는 단 세 시간
만에 만든 발명품 아이디어를 400달러를 받고 팔면서 이것
이 큰 기회이며 자신은 뛰어난 발명가이자 사업가라고 만족
스러워했다. 그러나 그가 고작 그 금액으로 팔아넘긴 것은
지금 전 세계적으로 사용하고 있는 안전핀(오늘날의 옷핀)에
대한 특허권이었다.

이와 상반되는 에피소드도 있다. '믿거나 말거나'(원래는
신문 연재물이었는데 인기를 끌면서 이후 라디오, 텔레비전, 만화책,
박물관 체인, 책 시리즈 등 다양한 형식으로 각색되었다)를 연재한
로버트 리플리Robert Leroy Ripley는 원래 프로 야구단에서 투수
로 활약하고 싶었다. 그래서 뉴욕 자이언츠의 선발 테스트
까지 받았는데 어깨에 큰 부상을 당한 후 야구선수라는 꿈
을 접었다. 그는 몹시 낙담했지만 신문에 투고한 끝에 '믿거
나 말거나'라는 스포츠 만화를 연재하기 시작했고 이것은
엄청난 성공의 첫걸음이었다. 아마도 그가 야구선수가 되었
다면 그 정도의 부와 명성은 얻지 못했을 것이다.

성격을 바꿔야 운명이 바뀐다

여기서 기억해야 할 것은 '장애물이 나타났을 때, 좌절하느냐 혹은 더욱 직진하여 큰일을 이루어낼 때까지 계속하느냐'이다.

24 창의력

새로운 세계에 열려 있는 사람들에게
주어지는 선물

창의적인 사람들은 사물을 있는 그대로 볼 뿐 아니라 그것
의 미래까지 내다볼 줄 안다.

그들은 일상의 언어뿐 아니라 제3의 언어 유형, 즉 희망의
언어, 미래의 언어, 상상력의 언어 속에서 살고 있다. 이런
사람들은 예술계, 광고계, 발명계 같은 업종뿐 아니라 모든
직종에서 찾아볼 수 있다. 개중에는 창의력으로 생계를 해
결하는 사람들도 있고 순전히 재미로 창의력을 발산하는 이
들도 있다. 세상에는 상상 이상으로 창의적인 사람들이 정
말 많다.

성격을 바꿔야 운명이 바뀐다

내가 여기서 하고 싶은 말은 창의력이라는 달란트는 나이가 들수록 더욱더 좋아질 수 있다는 사실이다. 물론 그러기 위해서는 그가 새로운 경험이나 세계에 열려 있어야 한다. 그런 자세만 꾸준히 유지한다면 점점 나이 들면서 오히려 창의력이라는 보상을 받게 된다.

그도 그럴 것이, 단순하게 생각해봐도 매년 여러 가지 경험이 쌓이다 보면 더욱 기발하고 새로운 아이디어가 나올 확률이 높아질 수밖에 없다.

미국의 윤리학자이자 사회철학자인 에릭 호퍼Eric Hoffer는 유사 이래 가장 창의적이었던 천재 혹은 혁신가들은 모두 젊은 사람들이었으며, 현재 업계를 이끌고 있는 거장들 혹은 대기업의 ceo들도 젊은 시절에는 어마어마하게 창의적인 아이디어를 많이 냈던 사람들이었다고 지적했다.

그런데 나의 생각은 좀 다르다. 후자의 경우에도 만약 그 자신이 언제나 열린 자세로 창의력이 유입되는 통로를 열어두었더라면 젊은이들보나 훨씬 디 창의적인 사람이 되었을 것이다.

그러므로 창의력을 키우고 싶다면 언제나 열려 있어라.

새로운 생각, 새로운 사고방식, 새로운 기술이 내 정신에 유입할 수 있도록 통로를 항상 열어두어야 한다.

25 텔레비전

사람들은 TV를 켜는 순간 자기 자신을 끈다

니컬러스 존슨은 연방통신위원회^{FCC}의 전 위원이자 『텔레비전에 대꾸하는 법^{How to Talk Back to Your Television Set}』이라는 책의 저자이다. 그는 〈미국의 폭주. 주의: 텔레비전 시청이 당신의 정신건강을 해칠 수 있다〉라는 기사를 쓰기도 했다.

이 기사에서 그의 주장은 철학자 알프레드 코르집스키^{Alfred Korzybski}가 정신건강의 세 가지 범주에 대해 언급했던 내용과 비슷하다. 그 세 가지 범주란 정상, 비정상, 반(半)정상이다.

니컬러스 존슨은 대부분의 사람들이 비정상이거나 혹은

반정상이라고 말한다. 다시 말하자면 많은 사람들이 자신의 잠재력을 발휘하지 못한 채 살고 있다는 뜻이다.

인간의 잠재력을 개발하기 위한 운동을 펼치고 있는 사람들에 따르면 건강한 사람도 자신이 갖고 있는 잠재력의 겨우 5% 정도만 발휘한다고 한다. 니컬러스 존슨은 그 이유 중 하나가 텔레비전이라고 지적한다. 그는 다음과 같이 말했다.

"텔레비전은 소름 끼치게도 사람의 가치를 매기는 기준이 '소비'라고 매 순간 사람들 머릿속에 주입한다. 미국의 수많은 기업들이 대량생산하고 유통시킨 제품의 광고에서 말하고 있는 가치관을 적극적으로 홍보하고 있기 때문이다. 광고뿐 아니라 많은 방송 프로그램들이 물질만능주의, 과시적 소비, 계층의식, 성의 상업화, 실체가 없는 환상의 세계를 설파하고 있을 뿐이다."

그에 따르면 텔레비전이 전파하는 '복음'은 빈곤층에게는 불안과 소외를, 부유층에게는 공허함과 신경증을 유발한다. 사람들은 뭔가를 소비하면서 그 주체가 자신의 능력이라고 저절로 믿게 된다. 하지만 그것은 착각이다. 사람들은 광고

성격을 바꿔야 운명이 바뀐다

를 통해 불안이라는 주사를 공짜로 맞은 다음 다시 그 불안을 없애기 위해 더 많은 소비를 하지만 그런다고 마음의 병이 낫는 것은 아니다. 이런 논리가 너무 비약적이라고 생각할 수도 있지만, 이걸 떠나서 생각한다고 해도 텔레비전을 보는 행위 자체는 극히 수동적인 활동이다. 텔레비전을 켜는 순간 사람들은 자기 자신을 끈다. 그의 주장대로 수동성과 무기력이 오늘날 가장 위험한 유행병이라면, 그건 텔레비전 때문일 수 있다.

그렇다면 어떻게 해야 할까? 니컬러스 존슨은 텔레비전을 비롯한 각종 광고에서 안내하는 생활양식 외에 자기만의 생활양식을 가지라고 조언한다. 이를테면 자신이 먹을 식재료를 직접 재배해본다든지, 자신이 입을 옷을 직접 만들어본다든지 하는 식으로 능동적인 라이프 스타일을 개척해보라는 말이다.

그렇다고 원시시대처럼 모든 걸 자급자족하라는 말은 아니다. 마음이 끌리고 가장 실용적이라고 생각되는 활동 한두 가지를 골라 실천해보라는 말이다. 소비와 소유에 덜 얽매이고 자신의 삶에 능동적으로 참여할 수 있는 활동이면 충분하다.

   그리고 또 한 가지는 텔레비전을 끄고 철학책을 읽는 것이다. 철학은 사람의 의식에 충격을 준다. 틀에 박힌 삶이 아니라 다른 삶도 있다는 것을 알려줄 수 있다. 그렇게 주류의 가치관 외에 다양한 삶과 가치관이 있다는 것을 알게 되면 오히려 권태와 무기력에서 벗어나 나에게 맞는 삶의 방식을 찾을 수 있을 것이다.

성격을 바꿔야 운명이 바뀐다

26 자기계발

지금보다 더 나은 사람이 되는 것

내 안의 잠재력을 일깨우는 일은 인생에서 가장 중요한 일 가운데 하나다. 존 러스킨^{John Ruskin, 영국의 예술 평론가}의 표현을 빌리자면 어떤 사회의 구조를 파악하기 위해서는 그 사회가 어떤 부를 생산하느냐가 아니라 사회 구성원들이 어떤 종류의 경험을 하느냐가 더 중요하다.

우리 사회가 저지른 중대한 실수들, 즉 환경오염, 전쟁, 청년 · 노인 · 병자 · 부적응자 등 약자에 대한 무관심은 너무나 명백하고 이에 대해 할 말도 많지만, 핵심적 병폐는 인간이 인간을 싫어하거나 무시하도록 만든 것이다.

나의 잠재력을 개발하기 위해 혹은 타인의 잠재력을 알아보고 키워주기 위해 특별한 기술이 필요한 것은 아니다. 모든 사람들의 내면에는 이미 변화의 씨앗이 내재돼 있기 때문이다. 그저 자기계발을 독려하는 환경만 있으면 된다.

소크라테스에 따르면 진정한 인간은 영혼에서 비롯되는데, 그 영혼을 일깨우는 것은 타인의 역할이다. 플라톤도 이와 비슷한 말을 했다. 그에 의하면 '영혼의 보살핌'은 타인에 대한 윤리적 책임을 뜻한다. 바꿔 말하면 인간은 자신뿐 아니라 타인의 영혼을 일깨우는 역할도 해야 한다는 것이다.

특히 사업체를 운영하고 있는 사람이라면 직원들에게 더 성장할 수 있는 기회를 제공해야 한다. 어떤 사람들은 그것이 개인의 문제이자 책임일 뿐이라고 생각할지도 모른다. 물론 그런 면도 있지만 만약 혼자 힘으로 알아서 하라고 내버려두면 그들 중 90%는 아마 아무것도 하지 않을 것이다.

기업을 운영하는 사장이나 고위 간부들은 자신들이 고용한 직원들 내면에 믿기 힘들 정도의 잠재력이 있다는 사실을 알아야 한다. 나는 대부분의 사람들이 자신이 할 수 있는 진짜 역량의 5%에서 10% 정도만 가동하며 살고 있다고 본다.

다만 자신의 재능을 발굴하지 못했을 뿐이다.

해법은 직원들의 흥미를 유발하는 자료와 기회를 꾸준히 제공하는 것이다. 또한 그들이 스스로가 유능한 사람이며 독창적이고 어마어마하게 창의적인 사람이라는 것을 깨닫게 해줘야 한다. 사회 전체적으로 서로의 존재를 무시하고 가능성을 배제시키는 분위기가 있는데 그것에 역행해야 한다. 동기부여란 바로 이때 필요하다.

27 인생에서 더 많은 것을 얻는 방법

나 자신을 과소평가하지는 않았나?

며칠 전 점심때 나는 약 열두 명이 모인 커다란 테이블 옆에 앉아 있었다. 열두 명이 나누는 활기차고 유쾌한 대화를 듣다가 나는 그 사람들이 같은 대리점에 다니는 보험회사 영업 사원들이라는 걸 알게 되었다.

한 명이 자신들에게도 기본 소득을 보장해줘야 한다고 말하자 또 다른 한 명이 큰소리로 모두 들으라는 듯 말했다.

"그럼 그래야지, 1년에 35,000달러는 되어야겠지."

이 말을 듣고 다들 일제히 목청껏 소리를 질렀다.

"옳소, 만세! 건배!"

성격을 바꿔야 운명이 바뀐다

그들은 1년에 35,000달러를 벌어들일 생각에 아이처럼 신나했는데, 다른 말을 들어보니 그들 중 일부는 1년에 9,000달러에서 1만 달러 이상을 벌고 있다는 걸 알 수 있었다. 그 대화를 듣고 나는 궁금해졌다.

'저 사람들은 왜 저 직업을 택한 걸까, 아니 왜 지금 생활에 만족하는 걸까?'

이런 생각은 그들뿐 아니라 다른 모든 사람들에게로 이어졌다.

'사람들은 어쩌다가 그럭저럭한 현재에 만족하게 된 걸까? 자신이 가진 것과 원하는 것 사이에 괴리가 있다면 그 사이를 좁히기 위해 뭘 하고 있는 걸까?'

만약 당신이 정말 원하는 것, 적어도 사다리의 다음 단계라도 분명히 목표로 삼고 있다면, 그것을 성취할 열쇠인 상상력 또한 가지고 있다는 걸 명심해야 한다.

그 젊은 영업 사원들 중 누구라도 그들이 휘파람을 불고 쌍수를 들며 환호했던 액수인 35,000달러를 1년 안에 벌 수 있다. 만약 그들이 고객들에게 더 유익한 방향으로 자신의 자원을 활용할 줄만 안다면 말이다.

하지만 많은 사람들은 더 많은 것을 얻어내기 위해 노력조차 하지 않는다. 그것은 무의식적인 선택일 수도, 의식적인 선택일 수도 있다. 한편으로는 자신을 둘러싼 환경에 영향받아서 언제나 같은 방식으로 같은 일을 하는 것에 익숙해졌기 때문일 수도 있다.

대개의 사람들이 이렇게 여러 이유로 자신의 목표보다 낮은 삶에 만족해버린다는 것이 핵심이다. 그러므로 당신은 스스로를 과소평가하는 대신, 원하는 것을 목표로 삼고 적극적으로 나서야겠다는 결심을 해야 한다. 변화는 그때부터 시작될 것이다.

성격을 바꿔야 운명이 바뀐다

28 나는 왜 여기 있는가?

인간은 오로지 다른 인간을 위해
여기 있는 것

'나는 왜 여기에 있는가?'라는 질문에 대해 생각해보자. 물론 생리학적 이유는 알고 있지만 그것보다 중요한 다른 이유도 있지 않을까 하는 생각이 든다. 아마도 알베르 아인슈타인은 지구상 그 어떤 인간보다 우리가 우주를 지배하는 법칙에 대해 많은 것을 이해할 수 있게 도와준 사람일 터인데, 그런 아인슈타인도 만물이 존재하는 데에는 모종의 의미가 있다고 믿었다. 그는 말했다.

"물리학을 공부하면 할수록 형이상학에 마음이 점점 더 끌립니다."

사실 그는 물리학의 거장 이상의 인물이었고 용감하고 따뜻한 인도주의자이기도 했다. 그래서 그가 "인간은 오로지 다른 인간을 위해 여기 있는 것"이라고 한 말이 '나는 왜 여기에 있는가?'에 대한 답이라고 나는 생각한다.

이제는 나도 그 말을 믿으려 한다. 내 생각에도 그 말이 유일하게 맞는 것 같다. 물론 그 말에 동의하지 않는 사람이 수백만 명일 수도 있고 그 말을 처음 듣는 사람은 그보다 더 많을지 모르지만, 그럼에도 그 말이 사실이라는 것을 언젠가는 깨닫는 날이 올 것이다. 심지어는 사람들이 추구하는 재미조차 그 말에 좌우된다.

타인에게 쓸모 있는 사람이 되지 않는다면 우리의 인생은 무의미해질 것이다. 요즘 젊은이들 사이에 불안과 무기력이 만연한 이유가 바로 여기에 숨어 있다고 나는 생각한다. 유년기를 지나면서 많은 사람들이 '타인에게 쓸모 있는 사람이 되고 싶다'는 욕망을 어렴풋이 품고 있다. 그런데 성인이 된 이후에도 쓸모 있는 사람 역할을 해내지 못하면 점점 안절부절못하면서 불안해하다가 우울증이나 무기력증에 빠진다.

성격을 바꿔야 운명이 바뀐다

앞부분에서 '사람을 평가할 때는 사과나무를 평가할 때처럼 하라. 다시 말해 그 사람의 결실, 그 사람의 결과물을 보라'라는 매슬로의 말을 인용한 바 있는데 이 말은 사실 사람들이 얼마나 타인에게 쓸모 있는 사람이 되고 싶어 하는지를 방증하기도 한다.

'나는 지금 뭐 하는 걸까?', '나는 여기 왜 있는 걸까?'라는 의문이 마음속에서 피어오른다면 이에 대한 정답은 '쓸모 있는 사람이 되기 위해 노력하는 중' 정도가 될 것이다. 이 인생이란 거래에서 당신의 역할은 당신이 가진 유일무이한 자원을 최대한 잘 활용하여 타인에게 쓸모 있는 사람이 되는 것이다.

자신이 가장 즐기는 일을 할 때, 자신만의 재능과 능력에 가장 잘 맞는 일을 할 때, 가장 쓸모 있는 사람이 될 수 있다.

그렇다면 이에 대한 다음 질문은 대개 이렇게 이어진다.

"그렇다 치고, 그런데 저는 거기서 무엇을 얻죠?"

물론 이 질문에 대한 답은 이렇다.

'평생 당신이 받는 보상은 당신의 쓸모 있는 정도와 질에 비례할 것

이다.'

　자, 만약 당신이 주당 3000달러의 수입을 원하는 사람이거나 자가용 제트기를 타고 다니고 비싼 차 모는 것을 즐기는 사람이라면, 더욱 이례적인 방식으로 쓸모 있는 사람이 되어야 할 것이다. 그걸 어떻게 하느냐는 스스로 알아내야 하는데, 바로 그 점이 인생을 흥미진진하면서 한편으로는 힘들게 만드는 숙제가 아닐까 싶다.

　하지만 우선 내가 원하는 바는 잠시 잊자. 중요한 것은 어떻게 하면 내가 가장 쓸모 있는 사람이 될 수 있는지를 알아내는 것이다. 그걸 알아내면 '나는 왜 여기에 있는가?'라는 질문에 대한 진정한 답도 알아낼 수 있다. 나는 쓸모있는 존재가 되려고 여기 있다. 이제 나는 내가 아침에 일어나는 이유와 하루의 상당 부분을 무엇을 하면서 보내야 할지 알고 있다. 내가 쓸모 있는 사람이 되고 싶게 만든 사람들에게 가능하면 내 쓸모를 최대화해야 한다.

　'어떻게 하면 작년보다 올해 더, 어제보다 오늘 더 쓸모 있는 사람이

될 수 있을까?'

이 질문에 대한 답을 계속 찾아가는 한, 나는 인간으로서 계속 성장하고 성숙해질 것이며 몸과 마음의 젊음을 유지할 수 있을 것이다.

그런데 "타인에게 쓸모 있는 사람이 되는 거랑 내가 원하는 목표를 좇는 거랑 무슨 상관이죠?"라고 묻는 사람도 있을 것이다. 그런 사람에게 나는 자신이 좋아하는 일, 그리고 자신이 잘하는 일을 찾으라고 권하고 싶다. 그래야 그 일에 몰두할 수 있고 끝없는 열정이 내면에서 솟아나기 때문이다. 그 상태가 되면 매일 들이는 노력은 목표와 하나가 된다. 그러고 나면 자동으로 그는 쓸모 있는 사람이 될 것이다.

내가 말하는 '쓸모'란 타인을 위해 자신을 희생하라는 말이 아니다. 여기서 말하는 '쓸모'는 자신이 갖고 있는 온갖 능력의 산물이다. 인간은 기본적으로 모두 선하고 아름다운 것을 추구한다. 선하고 아름다운 것을 당신의 내면에서 찾아낼 때, 비로소 그 무언가가 당신을 쓸모 있는 사람으로 이끌어줄 것이다.

29 게으름

아무것도 하지 않는 시간이 필요한 이유

'쓸모 있는 사람'이라고 생각하면 보통 바삐 움직이는 모습을 떠올리기 쉽다. 하지만 그건 일부일 뿐이다. 빈둥거리는 시간도 중요하다. 내면의 목소리를 듣고 상상력의 날개를 활짝 펼치려면 아무것도 하지 않고 멍하게 있는 시간이 꼭 필요하다. 버트런드 러셀은 『행복의 정복The Conquest of Happiness』에서 '게으름'의 가치에 대해 이야기한다. 그는 부모들이 자기 자녀들에게 아무것도 하지 않는 시간이 필수적이며 유익하기까지 하다는 사실을 놓치고 있다고 지탄한다. 그는 책 속에서 이렇게 말한다.

성격을 바꿔야 운명이 바뀐다

'심심함을 견디지 못하는 풍조는 미숙한 인간, 더디 흘러가는 자연의 이치에서 지나치게 단절된 인간, 꺾여서 화병 속에 꽂힌 꽃처럼 생명의 모든 욕구가 서서히 시들어가는 인간으로만 채워진 사회를 만든다.'

요즘 아이들은 모든 시간을 통제받고 시시각각 어른들의 감독하에 바쁜 스케줄을 보내고 있다. 때로는 조용히 사색하며 세상을 발견하는 여유가 있어야 하는데 그럴 틈이 없는 것이다. 하지만 여전히 많은 부모들이 자녀에게 더 많은 교육, 더 많은 프로그램, 게임이나 영상, 매체 등등을 제공하려고만 한다.

'아이들에게는 빼앗을 수 없는 생득권(生得權)이 있다. 그것은 바로 아무런 압박을 받지 않고 마음대로 보낼 수 있는 시간을 가질 권리다. 그 시간을 통해 아이들은 자신의 힘으로 스스로를 발견해나가는 힘을 기를 수 있다.'

이 글은 로버트 W. 웰스Robert W. Wells가 〈밀워키 저널〉에 쓴 특별 기고문인데 나는 이 기사를 보고 너무 공감한 나머지 오려서 스크랩해놓았다. 그는 기사에서 자신의 어린 시절 일화에 대해 이야기한다. 어느 날 너무 무료했던 그는 할머니에게 너무 심심하다고 투덜거렸다고 한다. 그러자 할머니는 웰스의 손을 잡고 현관 밖으로 데리고 나갔는데 그곳에서 그는 무서울 정도의 몰입감으로 푸른색 나팔꽃 속으로 뛰어드는 한 무리의 호박벌 떼를 목격했다. 그 순간 여름의 소음과 냄새, 정취가 어린 그의 온몸을 휘감았다. 이때 할머니가 그에게 이렇게 말했다고 한다.

> "할 게 왜 없어. 저기 봐봐. 세상에 볼 게 너무 많잖아. 나가서 세상 구경 좀 하렴."

심심한 시간, 아무것도 하지 않는 시간, 게으름을 피우기 좋은 시간, 바로 이런 시간이 상상력을 펼치기에 가장 좋은 시간이다. 뉴턴이 떨어지는 사과를 보고 중력을 발견한 시간, 아르키메데스가 욕조에서 흘러넘치는 물을 보며 부력의 원리를 발견한 시간 역시 바로 이런 심심한 시간이었다는 것을 기억하자.

30 꿈의 중요성
인간은 자는 동안 더 똑똑해진다

인간은 깨어 있을 때보다 잠들었을 때 더 똑똑한 경우가 많다. 그러므로 가능하면 꿈을 기록하는 것이 좋다.

에리히 프롬Erich Fromm은 그의 책 속에서 '우리는 꿈속에서 비이성적이고 비도덕적으로 변신하기도 하지만, 현실에서보다 훨씬 더 똑똑하고 현명하며 판단력이 뛰어난 사람으로 다시 태어난다'라고 말했다. 프롬은 아서 골드스미스 Arthur Goldsmith의 보고서에 나온 에피소드를 사례로 제시한다. 뉴욕에서 잘나가는 사업가 하나가 동업자를 물색하고 있었는데, 그가 여러 고민 끝에 한 사람을 동업자로 결정했다고 한다. 그런데 그 결정을 내린 바로 그날 밤, 그는 동업자가 자신을 배신하고 수천 달러를 횡령하는 내용의 꿈을 꾸게 된다. 그런데 놀랍게도 1년 뒤, 그 꿈은 현실이 되었다. 그 동업자가 실제로 회사에서 거액의 돈을 슬쩍했던 것이다.

프롬은 이 사례가 무의식이 의식보다 얼마나 더 정확한 판단을 내리는지를 말해준다고 강조한다. 그에 의하면 깨어 있는 동안 인간의 정신은 일종의 심리적 소음 혹은 잡음으로 산만해지는 일이 많다. 즉 머릿속이 두려움, 허영심, 편견, 걱정 등으로 이미 가득 차버리는 것이다. 이 때문에 정확한 판단을 내리기 힘들어진다. 그런데 자는 동안에는 이런 소음에서 자유로워지므로 사람과 사물에 대해 더 정확한 판단을 내릴 수 있게 된다는 말이다.

그뿐 아니라 또 다른 정신 분석학자도 다음과 같이 말했다.

'당신은 당신이 알고 있다고 생각하는 것보다 훨씬 더 많이 알고 있다.'

그렇다면 "꿈이 나의 미래를 예견하는가?"라는 질문에 조심스럽게 "그렇다"고 답변해도 좋을 것이다. 꿈은 나의 욕망

성격을 바꿔야 운명이 바뀐다

과 감정을 대신 보여준다. 욕망과 감정은 내 행동의 이유가
되고, 행동은 미래를 결정한다.

관리자의 자질

내가 조직에 기여하는 방법은 무엇일까?

『자기 경영 노트 The Effective Executive』에서 피터 드러커는 '훌륭한 경영자란 자신이 직원들과 조직을 위해 해줄 수 있는 게 뭔지를 고민하는 사람이다'라고 말했다. 직원들이 노력하는지 그렇지 않은지를 감시하고 감독하는 게 아니라 목표를 머릿속에 그려보면서 이런 생각을 하는 게 좋다는 것이다.

'내가 어떻게 해야 저 직원의 성과가 올라갈까?'

'내가 어떻게 해야 조직의 성과를 더 끌어올릴 수 있을까?'

그런데 현실은 다르다. 경영자들 대부분은 자기 자신이 할 일에 대해 고민하는 게 아니라 직원들의 말과 행동, 업무 내용 등등 세세한 것들에 집중하는 경향이 있다. 이들은 자신의 역할이 매우 중대하다고 생각하며 그에 상응하는 대접을 받지 못할까 봐 걱정에 휩싸인다. 그러다 보니 너무나 쉽게 비효율적인 경영자가 되어버리고 만다.

한 대형 경영 컨설팅 회사의 대표에 따르면 큰 조직의 임원들과 상담을 나누면서 이런 질문을 한다고 한다.

"당신의 업무 중에 지금 연봉을 받을 만큼 충분하다고 생각되는 일이 있습니까?"

그런데 이 질문에 대다수의 임원들은 대개 이런 취지의 답변을 한다고 한다.

"제 밑에서 일하고 있는 사람이 850명이나 됩니다."

"제가 영업부 전체 책임자입니다."

"직원들이 올바른 결정을 내릴 수 있도록 필요한 정보를 주는 것이 제 일입니다" 혹은 "소비자가 내일은 어떤 제품을 원할지, 그걸 알아내는 것이 제가 맡은 업무죠"라는 식으로 말하는 임원은 손에 꼽을 정도로 희박하다는 것이다.

직원들을 감시하는 데 초점을 맞추고 하향식 권위를 강조하는 사람은 직함과 직위가 아무리 높아도 하급자다. 하지만 자신이 먼저 도와줄 일을 찾아서 처리하고 결과를 책임지는 사람은 아랫사람이더라도 '최고 경영진'이라는 직함에 더 어울리는 사람이다. 바로 이런 사람들이 실질적인 성과를 책임지는 핵심 인재들이다. 이는 훌륭한 경영자뿐 아니라 훌륭한 부모, 교사, 의사, 변호사 등 거의 모든 역할이나 직업에도 해당되는 진리가 아닐 수 없다. '내가 저 직원에게 혹은 이 조직에 어떤 도움을 줄 수 있을까?'를 고민하지 않는 사람은 목표를 높거나 낮게 혹은 전혀 엉뚱하게 잡을 가능성이 매우 높기 때문이다.

성격을 바꿔야 운명이 바뀐다

경제적 안정

증식하는 부와 소모성 부

업무에서 창의력을 발휘하는 건 좋은 일이지만 한 가지 짚고 넘어갈 게 있다. 만약 현재의 고정 수입이 사라진다면, 지금 내가 하는 일을 더 이상 할 수 없게 된다면 어떻게 할 것인가? 이것에 대한 대비를 미리 해놓아야 창의력도 의미가 있다. 이것은 집에 불이 나거나 천재지변 같은 사건을 당했을 때 어떻게 해야 할지, 어디로 가야 할지를 미리 대비해놓는 것과 같다.

어떤 이유로든 수입이 중단될 경우를 대비해서 구체적인 계획이 있어야 한다.

놀랍게도 고액 연봉자들 중 대다수가, 심지어는 대기업의 임원들조차 가끔 무직일 때가 있다. 만약 오랫동안 재취업을 못하게 되면 그들은 그때가 돼서야 자신들이 정말 가난하다는 사실을 깨닫는다.

또 한 번도 실직하거나 무직 상태였던 적이 없던 사람들 중에서도 몸이 아프거나 위급 상황이 생겼을 때 자신들이 노숙자나 거지들 못지않게 무기력하다는 사실을 발견하는 경우가 많다.

『부자와 슈퍼 리치The Rich and the Super-Rich』의 저자, 퍼더낸드 런드버그Ferdinand Lundberg, 미국의 경제학자는 자본으로 벌어들인 불로소득이 노동으로 벌어들인 근로소득보다 비교할 수 없을 정도로 안정적이며, 노동과 별도로 생계가 안정돼 있는지 여부가 빈부를 가르는 진정한 기준이라고 말했다.

이렇듯 부에도 여러 유형이 있다. 부동산처럼 생산적이고 증식하는 형태의 부가 있는 반면, 자동차, 식기세척기, 냉장고 같은 소비재는 구입과 동시에 가격이 하락하는 소모성 부이다.

그런데 사람들이 미국을 '부국'이라고 부르는 건 사실 후

성격을 바꿔야 운명이 바뀐다

자에 해당하는 소모성 부 때문이다. 옷, 가전제품, 가구, 자동차, 얼마 안 되는 예금 계좌 등등이 사람들이 갖고 있는 재산의 전부다. 그런데 이런 재산만으로는 경제적 자립을 이룰 수 없다. 이런 소모성 부는 병에 걸리거나 실직을 하게 되면 아무런 도움이 되지 않기 때문에 더더욱 그렇다.

『지갑이 토할 때까지 허리띠를 졸라매라Squeeze It Till the Eagle Grins』에서 스콧 번스Scott Burns는 변덕스러운 경제 상황에서 살아남기 위해서는 반드시 집을 사거나 부동산에 투자하라고 조언한다. 그의 주장은 매우 설득력이 강하다. 이 주장에 동의하지 않더라도 경제가 호황이건 불황이건 불안해하지 않으려면 주 수입원 외에 다른 수입원을 만들어야 할 것이다. 만약 부동산에 관심이 없다면 대다수의 사람이 소득의 90% 이상을 소모성 상품과 서비스에 쓴다는 사실을 기억하라.

기업들은 어떻게 하면 이들의 지갑을 열게 해 매출을 올릴 것인지를 연구해야 할 것이고 개인은 어떻게 하면 불필요한 소비를 줄일 수 있는지를 고민해야 할 것이다. 경제적 자립을 이루는 것에도 많은 공부가 필요하다. 하루에 한 시간씩은 따로 시간을 내서 경제적 안정을 위한 준비를 하는 게 좋다.

통계에 의하면 국민의 90% 이상이 진정한 경제적 자립과 안정을 평생 동안 달성하지 못한다. 이 사실을 인지하는 것만으로도 당신은 이미 나머지 10% 미만에 들 수 있는 동기와 의무감이 생겼을 것이다.

앞서 인용한 조지 버나드 쇼의 말대로 '가난해지지 않는 것이야말로 모든 사람에게 주어진 첫 번째 의무'이기 때문이다.

33 문제 해결

생각하는 것에도 훈련이 필요하다

생각을 한다는 건 뭘까? 목표가 있을 때, 목표를 달성하는 과정에서 문제가 생겼을 때, 그 문제를 해결하기 위해 하는 생각은 일반적으로 사람들이 말하는 생각과는 좀 달라야 한다. 이를테면 하루에 한 시간 정도 시간을 따로 정해서 '생각하는 훈련'을 해야 한다.

그렇다면 생각하는 훈련이란 어떻게 해야 하는 걸까?

첫 번째는 종이에 내가 정한 목표를 쓴다. 그렇게 써놓은 목표를 눈앞에 두고서 그것을 이루기 위해 어떻게 해야 할지 생각에 집중하는 것이다. 물론 처음부터 좋은 아이디어가 바로 떠오르는 것은 아니다. 처음에는 뇌가 잘 돌아가지 않는다. 창의적인 사람들은 이 현상을 익히 잘 알고 있다. 한참 쉬고 있거나 놀고 있는 사람에게 갑자기 어려운 일을 시키면 화를 내는 것처럼 우리 뇌도 마찬가지이다. 마치 영하의 날씨에 굳은 기름처럼 아무것도 하지 못한다. 대개의 사람들은 이럴 때 빨리 포기한다. 그런데 그렇게 되면 뇌는 비활성화 상태에서 멈춰버린다. 힘든 일을 경험하지 않은 뇌가 굳이 힘든 일을 할 필요가 없다고 인지하면서 가동을 멈추는 것이다. 바로 이 점이 생각을 멈추지 않고 계속해야 하는 이유다.

두 번째는 머릿속에 떠오르는 생각들을 종이에 적는다. 첫 시도가 시원찮더라도 낙담하지 말자. 자꾸 시시한 생각들만 떠오른다면 내가 지금 굉장히 비옥한 땅을 탐사 중이라고 상상해보자. 그렇게 계속 메모를 반복하다 보면 분명 눈에 띄는 아이디어가 하나쯤은 눈에 보일 것이다. 물론 당장은 그 아이디어가 쓸모없어 보일지도 모른다. 하지만 계속 이 습관을 반복하면 언젠가는 쓸모없어 보이던 아이디어

성격을 바꿔야 운명이 바뀐다

가 다른 아이디어와 결합하면서 전혀 새로운 아이디어로 재탄생하는 경험을 하게 될 것이다. 이 과정이 바로 '생각하는 훈련'이다.

이 훈련을 제대로 하기 위해서는 날마다 습관처럼 하는 게 중요하다. 하루하루 목표를 바라보며 깊은 생각에 빠지는 것은 나의 잠재의식에 그 목표를 주입하는 것과 다름없다. 그런 습관을 들이면 내 머릿속은 마치 믿을 수 없을 만큼 비옥한 토양이 되어 생각이 자라나도록 돕는다. 물론 단 한 번의 시도로 머릿속 씨앗이 충분히 땅속에 뿌리를 내린다거나 발아된다는 보장은 없다. 하지만 발아될 때까지 몇 번이고 씨앗을 심다 보면 언젠가는 뿌리를 내리고 싹이 나오게 되어 있다. 이렇듯 생각을 훈련하는 시간을 갖게 되면 두 가지 효과가 있다. 첫째 생각하는 습관이 새로운 아이디어, 때로는 정말 기발한 아이디어를 만들어낼 수 있다. 둘째, 머릿속 깊은 곳에 목표에 대한 의식이 새겨진다. 당신이 목표를 이룰 수 있게 도와주는 것은 바로 이 때문이다.

매일 내 머리에 생각할 시간을 주면서 문제를 발견하고 새로운 아이디어를 찾아내라고 압박하는 것은 어마어마한 잠재력을 불러일으키는 동력이 된다. 이렇게 하면 당신의 뇌는 다른 일을 하는 낮 시간 동안에도 새로운 아이디어를 만들어내기 위해 끊임없이 작동할 것이다. 그와 동시에 또 다른 일도 일어난다. 그것은 바로 당신의 몸이다. 두뇌가 목표 달성을 위해 풀가동되면 어느새 내 몸이 변화하기 시작한다. 성격, 태도, 말투, 몸가짐 등등에서 은근한 변화가 서서히 진행되기 때문이다.

도저히 해낼 수 없을 것 같던 목표도 점점 가능성의 영역으로 들어오고 공상으로밖에 생각하지 못했던 목표도 점차 실체가 드러나기 시작한다.

그리고 마침내 아무런 기대도 하지 않고 멍하게 있던 어느 순간, 기발한 아이디어가 짠 하고 나타날 것이다. 그것은 은밀하면서도 기습적으로 당신의 의식을 덮쳐올 것이다. 그러면 당신은 점점 기분이 들뜨면서 그토록 원하던 아이디어의 실체를 알아보게 될 것이다.

성격을 바꿔야 운명이 바뀐다

34 논쟁 피하기

논쟁으로는 친구를 얻을 수 없다

논쟁을 피하는 아주 놀라운 방법이 있다. 그것은 먼저 질문을 던지는 것이다. 무조건 반박하는 게 아니라 질문을 던지면서 상대가 자신의 의견을 다시 정리할 수 있게 하는 것이다. 어떤 주제가 나오든 논쟁을 좋아하는 사람들이 있다. 이들은 상대를 불편하게 만드는 것을 즐기는 사람이다. 요전에 신문에서 월리스 슬로운Willis Sloane이 쓴 〈논쟁으로는 친구를 얻을 수 없다〉라는 제목의 기사를 읽은 적이 있는데 이런 문장이 나왔다.

'논쟁은 백해무익하며 대개 어리석은 짓이다. 논쟁은 차분한 대화와 토론이라기보다 인성의 문제인 경우가 더 많다.'

나는 이 말에 동의한다. 물론 정치나 종교 같은 주제의 이야기를 나누다 보면 논쟁적일 수밖에 없다. 특히 인종 문제에 대해서 관습이나 편견으로 똘똘 뭉쳐 있는 사람들은 어처구니없는 발언을 남발한다. 그럼에도 불구하고 그들과 논쟁을 시작하면, 감정적인 대화가 끝없이 이어지다가 결국 아무것도 얻지 못한 채 기분만 상하고 만다.

논쟁에서 일어나는 사고를 예방하는 일은 마치 고속도로를 운전할 때 사고를 조심하는 것과 같다. 그것은 바로 속도를 줄이고 조심스럽게 운전하고 항상 안전거리를 유지하는 것이다. 갑자기 차선을 변경하거나 속도를 높이면 안 된다. 사람과 대화를 하는 것도 이와 마찬가지이다. 만약 심한 언쟁으로 번질 가능성이 농후해 보이면 그 상황에서 속도를 조절하고 거리를 유지하는 것만으로도 사고를 예방할 수 있다.

물론 누군가가 당신 생각이 틀렸다고 지적질하거나 말도 안 되는 논리를 편다면 가만히 있기 어려울 것이다. 아드레

성격을 바꿔야 운명이 바뀐다

날린이 온몸에서 솟구쳐 오르는 게 감지되면 일단 심호흡을 한번 하고 나서 이렇게 물어보자. "그렇게 생각하시는 이유가 뭘까요?" 상대방이 터무니없는 이야기를 계속 늘어놓으면 "좀 더 구체적으로 말씀해주시겠어요?"라고 물어라. "왜죠? 그걸 어떻게 아시는 거죠?", "확실한 증거가 나왔나요?" 같은 질문도 적절하다. 여기서 핵심은 상대방이 틀렸다는 것을 입증하려고 애쓰지 말고 상대방이 스스로 옳다는 것을 입증하거나 혹은 스스로를 의심하게 만드는 것이다.

입증의 책임을 원래 부담해야 할 쪽에, 즉 논쟁을 시작한 사람에게 지게 하라. 상대방이 감당하지 못해 잠시 진창 속에서 허우적거리다가 급기야 화제를 바꾸려 버둥거리는 동안 당신은 느긋한 자세로 마음껏 즐겨라. 그러면 그 이후부터 상대방은 섣불리 논쟁하려 들지 않을 것이다. 손바닥도 마주쳐야 소리가 나는 것이므로 내가 요란하게 한쪽 손바닥을 대주지 않도록 주의하자. 이렇게만 해도 불필요한 논쟁으로 감정과 시간을 소모하는 일이 줄어들 것이다.

35 자아실현을 이룬 사람

있는 그대로를 보는 능력

정말 자신이 이루고 싶은 것을 다 이룬 사람, 자신이 갖고 있는 능력을 온전히 다 발휘한 사람이 된다는 건 어떤 것일까?

에이브러햄 매슬로는 자아실현을 이룬 사람들에 대해 연구한 끝에 그들에게는 다음과 같은 특징이 있다는 사실을 알아냈다.

1. 삶을 자신이 원하는 대로 보는 것이 아니라 있는 그대로 보는 능력을 갖고 있다.

142   성격을 바꿔야 운명이 바뀐다

2. 사물을 볼 때 감정적이기보다는 객관적이다.

3. 사람을 제대로 판단하고 거짓을 간파하는 능력이 뛰어
   나다.

4. 앞으로 일어날 일을 예측하는 데 비교적 정확한 눈을
   가지고 있다.

5. 자신이 모든 것을 다 아는 것은 아니므로 타인에게도
   항상 배우려는 자세를 갖고 있다.

6. 자신이 중요하다고 여기는 일이 있고 그 일을 돈 때문
   이 아니라 사명감으로 수행한다.

7. 새로운 아이디어를 생각해내는 일에 적극적이다. 비록
   사람들의 비웃음을 살지라도 계속 새로운 아이디어를
   내놓는다.

8. 자신과 아무런 이해관계가 없는 타인을 도우면서 즐거

움을 발견한다.

9. 스스로를 유능하다고 느끼기 때문에 실수했다고 해도 쉽게 낙담하지 않는다.

10. 굉장히 독립적이면서도 사람을 좋아한다.

11. 자기 성장에 대한 열망이 강해서 더 나아지기 위해 늘 노력한다.

피해의식이나 트라우마에 시달리지 않고 자아실현을 이룬 인간으로 충만한 삶을 살고 싶다면 매슬로의 조언을 귀담아 들어보자.

성격을 바꿔야 운명이 바뀐다

36 지금 이 순간을 사는 법

순간순간 최선을 다해 살아봐

삶은 신나는 일들로 가득하다. 특히 어렸을 때는 재미있는 사건들, 기대감에 한껏 들뜨게 되는 사건들이 많다. 하지만 세월이 흐르고 그런 일들에 익숙해졌을 때는 예전처럼 쉽게 신난다는 느낌이 들지 않는다. 이 때문에 꾸준히 의욕적으로 살기 위해서는 의식적으로 노력을 기울여야 한다. 더 이상 저절로 동기부여를 받을 수 없기 때문이다. 그래서 많은 사람들이 위시 리스트를 작성하고 계획을 세우고 목표를 잡아서 예전에 느꼈던 신나는 감정을 다시 느끼려고 한다. 에이브러햄 매슬로는 학생들에게 이렇게 말했다고 한다.

"일부러 본인의 역량보다 목표를 낮게 잡으면 내 경고하건대 여러
분은 남은 평생 불행의 구렁텅이에 빠질 겁니다. 그것은 자기 자신
으로부터 회피하는 행동밖에 되지 않습니다."

많은 작품을 남긴 미국의 소설가, 헨리 제임스^{Henry James, 윌}
^{리엄 제임스의 동생이기도 하다-지은이}는 『대사들^{The Ambassadors}』이라는 소
설에 이런 대사를 남겼다.

"순간순간 네가 할 수 있는 최선을 다해 살아봐. 그렇게 안 하는 건
잘못이야. 그렇게만 한다면 어떤 삶을 사는지는 별로 중요한 게 아
니야. 그렇게 내 삶을 충실히 살아가지 않는다면 인생이 무슨 의미
가 있겠어?"

이 대사는 인생의 진리를 그대로 말해준다고 생각한다.
나는 글로 써서 액자에 넣어 두고두고 보고 싶을 정도로 이
말이 맘에 든다. 하지만 아쉽게도 이 말을 있는 그대로 실천
하는 건 생각보다 쉽지 않다. 사람들은 아침에 일어나 저녁
에 잠들 때까지 '나는 이렇게 살아 숨 쉬며, 오늘을 느끼고
있다'라는 생각은 잘 하지 않는다. 내 삶의 순간순간이 소중

성격을 바꿔야 운명이 바뀐다

하다는 생각이 들 때는 오로지 목숨이 위태로울 때뿐이다. 꼭 아파봐야만 건강을 감사하게 여기고, 자유를 빼앗겨봐야 그것이 얼마나 소중한지 깨닫는 것이다. 이런 사람들은 자신이 가진 것을 감사하게 여길 줄 모른다. 언제나 과거에 대한 후회와 미래에 대한 불안으로 전전긍긍하며 살아가기 일쑤다.

로버트 존스 버뎃Robert Jones Burdette은 '일주일 중에 내가 절대로 걱정하지 않는 날이 이틀 있다. 두려움과 불안이 침범할 수 없는 속 편한 이틀이다. 이 이틀 중 하루는 어제이고 나머지 하루는 내일이다. 인간을 광기로 몰아가는 것은 오늘의 경험이 아니다. 그것은 어제 일어난 일에 대한 후회와 내일 일어날지 모를 일에 대한 두려움이다'라고 말했다.

그러니 당신도 그의 조언을 마음에 새겨 이 중요한 이틀을 계속 두려움과 불안 없는 날로 만들어보자. 이것이 가능하다면 오늘, 나에게 주어진 이 순간에 집중하는 일이 훨씬 수월해질 것이다. 그러면 내가 지금 가진 것, 내가 지금 하는 일에 감사하게 될 것이고 더 나아지기 위해 자연스럽게 노력하게 된다. 목표를 정하는 일은 바로 이런 마음가짐으로 하는 게 좋다.

37 번영

부는 태도에서 비롯된다

저술가 어니스트 홈스Ernest Holmes는 이렇게 말했다.

'번영은 그냥 일어나지 않는다. 그것은 우선 마음가짐에서부터 출발한다.'

그의 말처럼 성공 여부를 결정하는 것은 그것이 어떤 사업인지를 떠나서 우선 태도의 문제이다. 특히나 초기에는 더욱 그렇다. 이에 대한 주제만큼이나 수많은 잘못된 신화나 정보에 휘둘리는 것도 드물다. 그런데 심리학자인 친구가 말하길 다음의 두 가지 질문에 뭐라고 답할지 보면 그가 나중에 크게 성공할지 아닐지를 알 수 있다는 것이다.

성격을 바꿔야 운명이 바뀐다

1. 특정 나이대까지 얼마를 벌고 싶다는 구체적인 계획이 있는가?

2. 그렇다면 그 특정 나이대에 얼마를 벌고 싶은가?

그에 의하면 이 질문에 대한 답이 구체적이고 수치가 비슷하다면 성공할 가능성이 높다고 한다. 물론 여기서 중요한 건 대답하는 사람의 태도다. '내가 그 나이대는 그렇게 됐으면 좋겠다'가 아니라 '나는 그렇게 될 거야'라는 확실한 태도를 보면 성공을 예견할 수 있다는 것이다.

나는 친구의 말에 동의할 수밖에 없었다. 이 논리에 의하면 성공은 이미 존재하고 있다. 다만 그것을 미리 알아채고 자신의 것이라 받아들이는가, 그렇지 않은가만 있을 뿐이다.

그러므로 성공을 바란다면 구체적인 플랜을 세우고 바삐 움직이기만 하면 된다. 지금 당신이 처한 환경에서도 생각보다 훨씬 많은 기회가 도사리고 있을 수 있다.

이렇게 부를 받아들일 마음가짐을 조성하고 나면 꼭 필요한 아이디어가 이끌리듯 당신을 찾아올 것이다. 아이디어는 잠재의식으로부터 솟아나는 것이기 때문이다.

38 탁월한 사람

내가 하는 일에서 기쁨을 느끼는 사람

얼마 전 캐나다의 한 농부가 보유하고 있던 스트라디바리우스 바이올린을 60만 달러 정도에 팔았다는 기사가 났다. 그 농부는 수년 전 자신이 그 바이올린을 사게 해준 뉴욕시의 딜러에게 그것을 되팔았는데, 원래 샀던 금액보다 훨씬 비싼 금액에 되팔았다. 바이올린의 가격이 급격히 올랐기 때문이다.

이탈리아 태생의 바이올린 장인인 안토니오 스트라디바리Antonio Stradivari는 1644년에 태어나 1737년에 사망했다. 평균 기대수명이 서른 살 정도였던 시절에 93년을 산 것이다.

성격을 바꿔야 운명이 바뀐다

말년에는 아들들의 도움을 받기는 했지만 그는 보통 혼자 일했다. 자문해주는 위원회도 없었고, 대신 결정해주는 사람도 없었으며, 도구도 원시적이었지만, 그에게 그런 것은 문제가 되지 않았다. 그는 자신의 일에 전념했고, 세상에서 가장 좋다는 도구를 모조리 동원한들 그 열정을 대신할 수는 없었다.

악기 하나를 다 만들고 나면, 그러니까 작업 결과가 자신이 정한 기준에 도달했다는 확신이 들면, 그는 그제야 악기에 서명을 했다. 이런 그의 치열함 덕분에 수백 년이 지난 오늘날에도 그의 이름은 전 세계 사람들에게 익숙하다.

클래식에 대해서 조금이라도 아는 사람에게 스트라디바리우스 바이올린을 아느냐고 물어보면 십중팔구 들어봤다고 답할 것이다.

역사상 그처럼 일에 대해 탁월한 기준을 갖고 있는 사람은 많았다. 윌리엄 셰익스피어 같은 작가, 레오나르도 다 빈치 같은 화가, 가구 제작자 토머스 치펀데일Thomas Chippendale과 은세공인 폴 리비어Paul Revere 같은 장인 등이 그런 사람들이다.

그들이 만들어낸 작품들은 하나같이 다 훌륭했는데, 강제

성이 아닌 사발성이 그 비결이었다. 남이 아닌 자기 자신을 만족시키려고 최선을 다했을 뿐인데 오늘날까지 수집과 존경의 대상이 된 것이다.

그렇다면 무엇이 이들을 장인으로 이끌었을까? 이들은 그저 질 좋은 작품을 만들어내는 데서 기쁨을 느낀다. 다른 그 무엇보다 '질'이 생각의 기준인 것이다. 이렇게 질에 대한 존경심을 품고 있는 사람은 자연스럽게 두 가지 자산을 소유하게 된다. 첫 번째는 절대 굶어 죽을 걱정은 하지 않아도 된다는 것이다. 물론 장인 정신을 갖고 있다고 해서 처음부터 승승장구하는 건 아니지만 어느 시점이 되면 사람들이 알아주기 시작할 것이고 경제적 안정은 자연스럽게 따라올 것이다.

두 번째는 자신이 하는 일 자체에서 만족과 기쁨을 누릴 줄 아는 사람이 된다는 것이다. 자기가 하는 일에서 진심으로 기쁨을 느끼는 사람이 얼마나 되겠는가. 이들은 소수만이 느낄 수 있는 행복이 뭔지를 잘 아는 행운아들이다.

성격을 바꿔야 운명이 바뀐다

39 무능한 관리자

타인의 마음을 이해하는 것

공감 능력과 배려심이라고는 싸움닭보다도 못한 한 관리자
가 있었다. 그는 오로지 한 가지 일 처리 방식을 고집했는데,
그것은 바로 자신이 만들어놓은 방식이었다. 그의 기준에
의하면 자기 자신을 제외한 다른 사람들, 특히 자신의 부하
직원들은 죄다 무능했다. 그는 아주 사소한 실수 하나에도
입에 거품을 문 채 욕을 하고 소리를 지르고 태엽을 끝까지
감은 장난감처럼 길길이 날뛰며 불같이 화를 냈다.

　그는 '일을 제대로 하고 싶으면 직접 하라'는 철학을 고수
하는 사람이었다. 하지만 이 말은 '나만큼 이 일을 잘해낼 사

람은 지구상에 없다'는 개념이 깔려 있었기에 생각해보면 참 어리석은 말이 아닐 수 없다. 말할 필요도 없이 이 관리자가 맡은 부서의 이직률은 사실상 매년 100%나 다름없었다.

그러자 회사 측에서는 그 부서의 문제점이 뭔지 파악하고 생산성을 고취하기 위해 평가 시간을 가져보라고 제안했다. 이에 그 관리자는 부하 직원들을 모아놓고 자신을 어떻게 생각하느냐고, 어떻게 하면 부서가 더욱 원활하게 돌아가게 할 수 있을지 의견을 달라고 했다.

처음에는 침묵하던 직원들도 여러 번 말할 기회를 주자 점차 속에 있던 말을 터뜨리기 시작했다. 그제야 그는 자신이 부하 직원들에게 전혀 존경받지 못하고 있다는 걸, 그들이 생계 때문에 어쩔 수 없이 회사에 다니고 있다는 걸 알게 되었다.

이때 한 젊은 직원이 그에게 이렇게 물었다.

"부장님은 그런 인력 관리법을 어디서 배우셨습니까?"

이 질문이 나오자 긴 침묵이 이어졌다. 질문을 듣고 나서 가만히 생각해보니 자신이 인력 관리나 리더십에 대해서는 배운 게 전혀 없다는 걸 깨달은 것이다. 심지어는 인간관계나 대화법에 대한 책도 읽어본 적이 없었던 것이다.

그는 이 일을 계기로 큰 충격을 받고 그때부터 리더십에 대해 공부하기로 마음먹었다. 자신이 찾을 수 있는 자료란 자료는 모조리 찾아 읽기 시작했다. 그리고 책 속에 있는 조언들을 실제 삶에서 하나하나 실천해봤다. 이런 과정 속에서 그는 점점 우수한 관리자로 변신했다.

그가 맡은 부서의 이직률은 보통으로 떨어졌고, 부하 직원들은 전과 달리 미소 띤 얼굴로 휘파람을 불며 일하게 되었다. 생산성이 오르는 건 당연한 결과였다.

이 이야기의 교훈은, 만약 당신이 관리자라면 팀원들과 솔직하고 허심탄회한 평가 시간을 가져야 한다는 것이다. 또한 그들이 당신에게 솔직하게 말할 수 있도록 항상 열린 자세를 취하라는 것이다.

내 친구 크리스 해거티는 최근 이런 말을 했는데 아주 심오한 말이라는 생각이 들었다.

"리더들은 말이야. 직원들이 자기를 생각해주기를 바라지. 대부분이 그래. 근데 그게 문제야. 정말 뛰어난 리더는 직원들이 자기 자신에 대해 더 많이 생각하게 만들거든. 그게 바로 다른 점이야."

이 말은 가정이든 회사든 운동부든 그 어떤 단체나 집단의 리더들에게도 통용되는 말이다. 만약 당신이 리더로서 역할을 하고 싶다면 이 문장이 좋은 출발점이 되길 바란다.

남에게 조종당하고, 지배당하고, 이래라저래라 지시받고, 오해받는 것을 좋아하는 사람은 없다. 또 누구나 존중받고 싶어 하지 하찮은 사람 취급받는 걸 즐기는 사람은 없을 것이다.

수동적이기보다는 능동적인 존재가 되는 것, 부품이 아닌 인간 대접을 받는 것, 누군가에게 진짜 자신의 존재 가치를 인정받는 것. 이것이 사람들이 바라는 자신의 모습이다. 리더로서 성공하고 싶다면 이런 인간의 본능을 잘 알아야 한다. 그리고 최소한 다른 사람의 자존감을 갉아먹는 행동은 피해야만 한다.

타인의 마음을 이해하는 능력. 타인과 원만하게 잘 지내는 능력.

이 두 가지 능력은 세상을 살아가는 데 가장 필요한 덕목

성격을 바꿔야 운명이 바뀐다

으로 아무리 세월이 흘러도 변치 않는 진리다. 이 두 가지 능력만 갈고닦는다면 세상을 살아가는 데 걸리는 제약 요소들은 현저히 줄어들 것이다.

40 오래가는 물건의 비밀

당신은 얼마나 오래갈 물건을 만들고 있는가?

최근 샌프란시스코에 갔다가 〈샌프란시스코 크로니클San Francisco Chronicle〉을 보게 되었는데 그중에 눈에 띄는 기사가 있었다.

플로렌스 아이즈먼Florence Eiseman이라는 여성에 관한 기사였는데, 그녀는 부잣집 아이들의 옷을 디자인해서 어마어마하게 큰돈을 벌었다고 한다. 비결은 간결하고 단순한 디자인이었다고 한다. 그 기사를 읽는 동안 나는 그녀에게 배울 점에 대해 생각하면서 놀랐다.

첫째로 단순한 디자인의 중요성이다. 디자인이란 본래 기능을 따라야 한다. 디자인을 하기 전 해당 제품의 원래 기능이 뭔지 잘 생각해보는 게 중요하다. 둘째로 재료와 기술의 질을 보장해줘야 한다는 것이다.

이 두 가지 원칙을 내가 하는 일이나 내가 만드는 물건에 적용하려면 어떻게 해야 할까? 그러기 위해서 우선 다음과 같은 질문을 던져보자.

1. 내가 만드는 물건이나 서비스의 목적은 무엇인가? 그 것의 진정한 기능은 무엇인가?

2. 내가 만드는 물건이나 서비스는 단순하고 깔끔하고 멋있고, 내가 구할 수 있는 가장 좋은 재료로 만들어져 있는가?

3. 내가 만드는 물건이나 서비스는 지금도 그리고 앞으로도 고객들의 요구를 충족시킬 수 있는가?

4. 내가 만드는 물건이나 서비스는 원래 내가 의도한 바대로 최선의 결과물이 나온 것인가?

5. 나는 고객의 이익을 최우선으로 삼고 있는가 아니면
   이윤 때문에 고객의 이익을 하위에 두고 있는가?

어떤 물건이든 얼마나 뛰어난지를 보려면 얼마나 오랫동
안 유행하는지를 보면 된다. 이를테면 건축, 조각상, 고대 그
리스 문학은 지금 이 시대에도 2000년 전과 다름없는 재미
와 가치를 갖고 있다. 명품 바이올린, 대가의 그림, 크리스
털, 은 그리고 도자기……. 이 모든 것들은 부동산과 마찬가
지로 세월이 흐르면서 그 가치가 높아졌다.

그렇다면 지금 내가 만드는 물건은 어떨까? 시간이 흐르
면서 더 빛을 발할 것인가 아니면 겨우 몇 년 안에 쓸모없는
쓰레기가 될 것인가? 한번쯤 깊이 생각해볼 문제다.

성격을 바꿔야 운명이 바뀐다

41 잠재력

자신의 능력을 방치하지 마라

한 남자가 친구에게 물었다.

"자네 직장에는 대충 일하는 사람이 얼마나 되나?"

그러자 그 친구가 답했다.

"절반쯤 될걸."

E.루이스 스위프트^{E. Louis Swift} 교수에 따르면 극심한 감정적 스트레스나 실패에 대한 두려움 혹은 과열 경쟁 상황에 놓인 경우가 아니라면 대부분의 직장인은 새로운 위기에 대비해 업무 방식을 바꾸려는 노력을 거의 하지 않는다고

한다.

시카고 세일즈 마케팅 중역 클럽이 몇 년 전 실시한 연구 결과도 주목할 만하다. 이 자료에 의하면 노력 부족으로 해고당하는 세일즈맨이 질병과 부정, 음주 및 도박 때문에 해고당한 세일즈맨의 총합보다 무려 두 배나 많다는 것이다.

그렇다면 해고당하지 않은 사람들은 어떻게 일하고 있을까? 과학적 매지니먼트 전문가인 프레더릭 W.테일러Frederick W.Taylor는 일반 직원들의 업무 방식에 대해 연구했는데, 결론적으로 그들 대부분이 자신이 할 수 있는 최고치에서 몇 배나 부족한 방식으로 대충 일한다는 걸 알게 되었다고 한다. 앞서 여러 번 인용한 심리학자 윌리엄 제임스도 '대부분의 인간들은 마땅히 해야 하는 수준에서 겨우 반 정도 하는 것에 만족하고 있다'고 말한 바 있다.

이렇듯 수없이 많은 연구 자료 결과를 보면 대부분의 사람들이 자신이 갖고 있는 능력을 사용하지 않은 채 방치하고 있다는 걸 알 수 있다. 역경에 부딪히거나 반대에 맞닥뜨릴 기회조차 없는 것이다. 이런 관점에서 생각하면 당신에게 필요한 건 에디슨의 근면함도 나폴레옹의 야망도 마키아벨리의 교활함도 아니다. 그저 내 안의 잠재력을 발견하기 위해 최선을 다해보는 노력이다. 당신이 만약 그렇게만 한다면 자기 자신이 마치 달팽이들의 달리기 경주에 뛰어든 그레이하운드 한 마리처럼 느껴질 때가 올 것이다.

42 문제

나를 앞으로 나아가게 하는 원동력

이기는 것이 지는 것보다 더 쉽고, 성공하는 것이 실패할까 봐 걱정하는 것보다 더 쉽다. 그런데도 대부분의 사람들이 후자를 선택하는 이유는 뭘까? 그것은 후자의 경우 그저 가만히 앉아 있어도 되는 일이기 때문이다.

사람들은 몸에 발생하는 온갖 질병을 다 합한 것보다 정신 질환을 훨씬 많이 앓고 있다. 의사인 찰스 H. 메이오^{Charles H. Mayo}는 병상의 절반이 사서 걱정하는 사람들로 채워져 있다고 말한 바 있다.

성격을 바꿔야 운명이 바뀐다

사람의 마음은 계산기와 같다. 계산기로 문제를 풀려면 이전에 계산기에 입력했던 숫자를 전부 지워야 한다. 그런데 걱정은 이 메커니즘을 방해한다. 이전 숫자가 지워지지 않기 때문에 기계는 오작동하게 되고 결국 손상되고 마는 것이다.

관점만 살짝 바꿔도 걱정에 들일 시간과 에너지를 문제 해결에 쓸 수 있다는 건 이미 여러 심리 실험과 조사에서 입증된 바 있다. 단적인 예로 돈 나갈 데가 많다고 걱정할 시간에 어떻게 하면 돈을 더 벌 수 있을지를 모색하라는 것이다.

창의적인 사람들은 문제를 도전으로 인식한다. 그들은 문제가 없으면 모든 것이 정체된다는 사실을 잘 알고 있다. 가만히 생각해보면 문제는 나 자신을 앞으로 나아가게 만드는 원동력이라는 걸 알 수 있다. 인류의 역사만 봐도 그 사실은 분명하다. 인류가 진화를 거듭 반복한 것도 문제의식에서 비롯되었기 때문이다. 따지고 보면 인간이 만든 모든 산업은 오로지 문제를 해결하기 위해 만든 것이라고 해도 과언이 아니다. 농업, 공업, 교육, 정치 등등 모든 분야가 그렇다. 사람들은 본인 혹은 타인이 갖고 있는 문제에 대한 해결책을 배우기 위해 학교에 다닌다.

이 글을 읽는 당신에게도, 쓰고 있는 나에게도 모두 문제가 있고 그건 좋은 일이다. 만약 문제가 없었으면 인류는 아직도 이 나무에서 저 나무로 옮겨 다니거나 동굴에서 살고 있을지도 모른다.

게다가 모든 문제는 일시적이다. 어떤 현자가 말했듯, '이것 또한 지나가리라'.

따라서 걱정은 줄이고 재미는 늘리고 싶다면 문제를 바라보는 관점을 바꿔보자. 자신을 이 세계의 일부로, 이 세계는 우주의 일부로, 우주는 또 어떤 위대하고 신비로운 실체의 일부로 바라보자. 그렇게 보면 내가 갖고 있는 문제의 대부분이 별게 아니라는 걸 알게 될 것이다. 이런 관점이 마음에 자리 잡으면 불필요한 걱정에 시간과 에너지를 쓰는 일이 훨씬 줄어들 것이다.

성격을 바꿔야 운명이 바뀐다

43 운명

사과나무에서는 사과가 열린다

앞에서도 여러 번 언급했던 에머슨의 경이로운 경구를 다시 살펴보자.

'자연은 마치 마술처럼 그 사람의 성격에 딱 맞는 운명을 만들어 낸다.'

사과가 사과나무에서 나온 거라는 걸 모두가 다 아는 것처럼, '사람의 운명'이라는 열매를 보면 그 사람이 어떤 사람인지를 알 수 있다는 말이다. 그 사람의 환경, 됨됨이, 그가 하는 일이 운명으로 발현되기 때문이다. 하지만 대부분의 사람들은 이 말을 믿지 않는 것 같다. 이와는 반대로 자신에게 정해진 운명이 환경을 결정한다고 믿는다. 자신에게 주어진 환경에서 빠져나가지 못한다고 느끼기 때문이다.

내 딸은 종종 말 품평회horse shows에 나가곤 했는데, 어느 날부터인지 말보다는 남자에게 더 흥미를 보였다. 그 덕에 말을 데리고 산책하는 일은 내 몫이 되었는데 그때 이야기를 해보고 싶다. 그 녀석은 신경질적인 에너지와 어마어마한 힘이 넘치는 멋진 순종 말이었다. 내가 한 손으로 500킬로그램에 육박하는 그를 내 마음대로 리드하는 동안 그 녀석은 얌전히 내 소매에 침을 흘릴 뿐이었다. 딸아이가 그 녀석을 데리고 장애물을 뛰어넘게 리드할 때와 별반 다르지 않았다. 그 녀석은 자신에게 얼마나 큰 힘이 있는지도, 그 힘으로 나나 딸아이에게서 벗어날 수 있다는 사실도 모르고 있었다. 녀석은 나와 딸아이의 힘이 아니라 정신에 지배당하고 있었기 때문이다.

자신의 운명을 탓하는 사람은 이 말과 같다. 수많은 사람들이 자신이 만들어놓은 환경에 끌려가면서도 그것이 스스로 만들어놓은 고삐라는 것을 의심조차 해보지 않는다. 또한 고삐가 자신을 옴짝달싹하지 못하게 한다는 것도 스스로 만들어낸 착각일 뿐이다. 바뤼흐 스피노자^{Baruch Spinoza}는 이렇게 말했다.

'무언가를 이해한다는 것은 곧 자유로워진다는 것이다.'

만약 운명이 환경을 결정하는 게 아니라는 걸 당신이 이해한다면 스피노자의 말처럼 자유로워질 수 있을 것이다.

44 환경 오염

끊임없이 쓰레기를 만드는 사람들

사람과 사람이 관계를 맺으면 문답을 주고받듯 인간과 자연도 마찬가지이다. 관계를 체스게임에 비유한 헉슬리가 했던 말을 기억해보자.

> 게임을 잘하는 사람에게는 높은 판돈이 모이게 마련이다. 강자에게는 관대함이 흘러넘치고 그는 그 자체에서 기쁨을 누린다. 이와 대조적으로 게임을 못하는 사람에게는 아무도 관심을 기울이지 않으며 무자비하게 패배를 당하기 일쑤다.

170

인류의 역사를 인간과 자연의 체스게임이라고 비유한다면 지금 인간은 무자비하게 패배당하는 중이다. 한때 인류는 기술로서 자연을 정복했다고 생각했지만 그것이 착각일 뿐이라는 사실을 깨닫는 데는 그리 오랜 시간이 걸리지 않았다. 인류는 지금도 부지런히 자신의 무덤을 파고 있을 뿐이다. 자연은 인간의 행위에 대해 이런 신호를 보내고 있을 뿐이다.

'나는 죽어가고 있다. 당신들이 나를 죽이고 있다.'

마침내 인간이 관대하고 참을성 있는 자신의 숙주를 죽이는 데 이른다면, 그때서야 자신이 자멸하고 있다는 사실을 깨닫게 될 것이다. 인간은 똑똑하지만 유독한 종이라는 사실이 만천하에 드러났다. 인간이 사라지고 나면 자연은 정화 작용을 통해 다시 자신의 보금자리를 마련할 것이다.

그렇다면 당신과 나, 우리는 이 지경에 이른 세상을 어떻게 해야 할까?

우선 돈으로 무엇을 살지부터 까다롭게 선택하자. 최대한 절약하는 삶을 실천해보자. 끊임없는 소비를 통해 계속 쓰레기를 생산하는 짓부터 삼가자.

삶에 대한 존경심, 자연에 대한 존경심, 서로에 대한 존경심을 기르고 이를 공론화하자. 아이들에게도 이렇게 말하자.

"그건 사면 안 돼. 집에 산더미처럼 쌓여 있는 장난감부터 가지고 놀렴."

자본주의가 지구를 정복한 이 사회에 공기처럼 퍼져 있는 물질만능주의에 반대한다는 것은 중세시대에 '신은 죽었다' 고 외치는 것이나 다름이 없다. 패배할 걸 알면서도 말할 수 밖에 없는 상황인 것이다.

이 글을 읽는 당신도 사업이 성공해서 큰 이윤을 얻게 되기를 바랄 것이다. 최대한 많은 제품을 생산해서 많은 사람들이 소비하기를 원할 것이다. 인간이 살아 있는 한 생산과 소비를 멈출 수는 없기에 이는 당연한 것이다. 그렇다면 이거 한 가지만이라도 기억하자. 당신이 뭔가를 생산하는 사람이라면 '정말 이 물건이 세상에 꼭 필요한 것인가?'를 두 번, 세 번 생각해보자. 그렇게 여러 번 생각한 끝에 그래도 괜찮은 물건이라는 생각이 들 때 비로소 생산하면 될 것이다.

성격을 바꿔야 운명이 바뀐다

최소한 그렇게라도 노력해보자. 자연과 함께 살아갈 지구의 피조물들과 우리 인류 자신을 위해서.

45 고귀한 삶

나 자신의 삶을 사는 법

세상의 부모들에게 자기 자식이 커서 뭐가 되면 좋겠느냐고 물으면 대개는 특정한 직업이나 직종을 답하는 경우가 많다. 우리 부모님도 내가 변호사가 되기를 바랐다.

하지만 그것은 부모의 생각일 뿐이다. 만약 자녀가 진로에 대해 조언을 구한다면 이 한 마디가 가장 괜찮은 대답이다.

"다른 사람들의 시선은 생각하지 말고, 너 자신의 삶을 살면 돼."

사람들이 괴로운 이유 중 하나는 타인의 삶과 자신의 것을 비교하기 때문이다. 남들이 좋다고 판단하는 것, 남들이 높게 사는 것. 그런 것들이 가치 판단의 기준이 되면 평생 흔들리는 삶을 살아야 한다. 하지만 자신의 가치관, 철학을 갖고 그것을 기준으로 자기 삶을 성실하고 진실되게 살아가면 그것만큼 고귀한 삶은 없을 것이다. 그런 내면의 기준이 있다면 그 사람에게 딱 맞는 직업은 저절로 따라오기 마련이다. 혹은 그가 어떤 직업을 가졌든 고귀한 삶을 살 수 있다.

무조건 사람들이 우러러보는 직업, 돈을 많이 버는 직업을 어린 시절부터 강요받으며 자라면 성인이 된 이후, 그런 직업에 대해 가졌던 환상이나 확신이 와르르 무너지는 경험을 반드시 하게 된다. 그러므로 직업에 대한 확신이 아니라 자기 자신에 대한 확신을 갖는 것이 훨씬 더 중요하다는 것을 모든 부모들이 기억했으면 한다.

46 평정심

위기에 강한 사람

20세기로 바뀔 무렵 유명한 잡지의 편집자이자 강연가 겸 수필가였던 윌리엄 조지 조던^{William George Jordan}은 이렇게 썼다.

'평정심은 인간에게 가장 희귀한 자질이다. 그것은 대자연의 가장 이상적인 모습과 비슷하다. 평정심을 갖고 있는 사람은 자립적이고 자제력이 있으며 도덕적인 분위기를 풍긴다. 그런 사람은 어떤 위기가 닥쳐도 자신의 중심을 잃지 않고 조용히 대처한다.

그러나 평정심을 유지한다는 건 그렇게 쉬운 일이 아니다.

성격을 바꿔야 운명이 바뀐다

그렇기 때문에 많은 사람들이 평정심을 가진 사람에게 무한한 신뢰를 갖는 것이다.

평정심을 유지하라. 침착한 마음으로 오늘 나에게 주어진 난관과 기회에 주의를 기울여라. 당신이 나아갈 길을 인지하고 그 길을 고수하면서 과업을 하나하나 조심스럽게 해결해나가라.

당신이 별것 아닌 이 메시지를 매일 아침 거듭 되새기는 습관을 기른다면 하루하루가 얼마나 달라질지 궁금하지 않은가?

47 낮은 목소리

낮은 목소리가 더 설득력 있는 이유

독일의 철학자 아르투르 쇼펜하우어는 이렇게 썼다.

'사람이 마음의 동요 없이 견딜 수 있는 소음의 양은 그 사람의 지능
과 반비례하므로 그것을 지능의 척도로 삼을 수 있다.'

이 발언의 진위 여부는 아이들이 자라는 모습을 지켜보
면 확인할 수 있다. 초등학교 저학년 동안 아이들은 쉬지 않
고 서로에게 천장이 날아갈 듯 고함을 지른다. 하지만 학년
이 올라갈수록 소음 정도는 떨어진다. 10대가 되면 일고여

덟 살짜리 애들보다 훨씬 조용해진다(물론 음악에 있어서만큼은 예외다).

이렇듯 지능이 높아질수록 낮고 차분한 목소리를 내는 경우가 많다. 또한 그런 목소리가 소리를 지르는 것보다 오히려 설득력이 강하다. 심지어 어린아이를 상대하는 대화에서도 마찬가지이다. 고함이나 고성은 사람의 귀를 아프게 하고 신경을 곤두서게 만들며 피로를 유발한다.

그러니 만약 화가 날 때 목청을 높이는 경향이 있다면 차분하게 말하는 연습을 반복해야 한다. 그게 훨씬 설득력 있을 뿐 아니라 자기 자신에 대한 자제력도 기를 수 있기 때문이다.

48 신경증

긍정적인 자아상이 인생에 미치는 영향

저명한 미국의 심리치료사가 말했다.

'내가 아는 한, 태어날 때부터 신경증 환자인 사람은 없다. 사람들은 양육 방식에 의해 신경증 환자가 된다. 초기의 자아상은 타인이 자신을 바라보는 시선에 의해 결정된다. 어린 시절 양육자에게 습관적으로 비난받으면 그 아이는 스스로를 비난하는 습관을 갖게 된다. 그와 반대로 있는 그대로를 수용해주는 양육자에게서 자란 아이는 스스로를 있는 그대로 받아들이는 법을 자연스럽게 터득할 것이다. 물론 어린 시절에 형성된 자아상이 평생 고정적인 건 아니다.

아이는 성인이 되어서 스스로의 힘으로 자아상을 수정할 수 있다. 하지만 초기의 자아상은 그 사람의 태도와 행동 패턴에 지대한 영향을 미친다.'

요전 날 정말 훌륭한 문장을 발견했다. 에마뉘엘 E. 뎀비 Emanuel H. Demby가 쓴 그 문장은 다음과 같다.

'자신감은 마음의 신용카드와 같다.'

나는 이 문장을 사람들에게 들려주고 싶어서 따로 메모해두었다. 사람들 특히 아이들에게 자신감을 심어주는 일은 중요하다. 그 아이가 더 나은 삶을 살 수 있도록 긍정적인 자아상을 심어주는 일이다. 그에 반해 신경증은 아이의 미래에 족쇄를 채우는 일이다.

혹시 자신에게 신경증이 있는지 의심스럽다면 심리학자 앨버트 엘리스Albert Ellis가 자신의 책『가정과 일터에서 신경증 환자와 지내는 법How to Live with a "Neurotic" at Home and at Work』에서 제시한 신경증 리스트를 점검해보자.

1. 나는 무슨 짓을 하든 거의 모든 사람에게 인정 혹은 사랑을 받아야 한다. 나에 대한 타인의 생각이 가장 중요하다.

2. 타인에게 의지하는 것이 나 자신에게 의지하는 것보다 낫다.

3. 사람이라면 유능하고 지적이고 쓸모가 있어야 한다. 그렇지 않으면 아무런 가치가 없다.

4. 인생의 주된 목표와 목적은 성취와 성공이다.

5. 실수를 했다면 자기 자신에게 가혹한 벌을 내려야 한다. 그래야 앞으로의 실수를 막는 데 도움이 될 것이다.

6. 만약 타인이 실수와 잘못을 했다면 그것을 비난하고 화를 내는 것은 당연하다.

7. 어떤 일이 내 인생에 큰 영향을 미쳤다면 그 이후로도

계속 그 일에 영향받을 거라 생각한다.

8. 부모나 사회로부터 배운 관념이나 통념은 그대로 받아들이는 편이다.

9. 나는 미래의 행복보다는 현재의 쾌락을 중요시한다.

10. 나는 힘든 일이 닥쳤을 때 책임지기보다 회피하는 편이다.

11. 무기력과 게으름은 반드시 필요한 거라 생각한다.

12. 하기 싫은 일은 그 일이 얼마나 필요한 일인지와 무관하게 하지 않는 게 좋다.

13. 내가 불행한 건 세상 때문이고 사람들 때문이다.

14. 기분 나쁜 일이 생기면 감정을 제어하지 못한다.

15. 나는 위험한 일이 일어날까 봐 걱정을 많이 하는 편이다.

자, 당신은 얼마나 많은 리스트에 동의했는가? 만약 위 리스트 중 절반 이상에 "yes"라고 답했다면 당신은 긍정적인 자아상을 갖기 위해 많은 노력을 기울여야 한다.

어린 시절을 힘들게 보낸 사람들은 뭔가를 시작하기 전에 항상 최악의 경우를 생각하는 경향이 있다. 그런데 이렇다 보니 아무것도 시도하지 않게 되는 것이 결국 그의 인생을 망친다.

'자신감은 마음의 신용카드'라는 말로 다시 돌아가보자. 긍정적인 에너지가 인생에 미치는 파장은 요술 지팡이가 부리는 마법과도 같다. 속는 셈치고 내 말을 한번 믿고 자기 자신에게 긍정의 요술 지팡이가 되어주자. 내 인생은 타인이 아닌 내가 조정할 수 있다.

인류 역사상 가장 오래된 쾌락의 원천

지난번에 통계치를 확인해봤을 때 작년 한 해 동안 책을 한 권이라도 구입한 국민은 겨우 4% 남짓이었던 것으로 기억한다. 참으로 위험한 수치다. 어떻게 해서든 우리는 상위 5% 내지 6%에 머물러야 한다. 좋은 책을 읽는 일은 사치품 같은 향락에 빠지는 것과는 다르다. 독서는 내 삶과 내 일에 품격을 더하고 싶다면 반드시 필요한 일이다.

진정한 재산은 통장 잔고에 넣는 것이 아니라 머릿속에 넣어 가꾸는 것이다.

우리가 책을 읽는 것은 그 누구도 아닌 자기 자신을 위해서다. 경쟁 사회의 팍팍함에 지쳐 스트레스를 풀기 위해 책을 읽는 사람도 있을 것이다. 그렇게 해서 얻은 마음의 평안이 마음의 마비가 아니라는 건 당신도 이해할 것이다. 매일 반복되는 일상이 지겨워서 책을 읽는 것이라면, 이때 책은 감정의 깊이와 삶의 깊이를 더해줄 것이다.

또 제대로 교육받지 못한 사람이 책을 읽는 것이라면 놓쳐버린 기회를 다시 잡을 수도 있을 것이다. 물론 이미 고등교육을 받은 사람도 책을 읽을 수 있다. 우리를 둘러싼 사회, 경제, 철학, 정치 상황들은 시시각각 바뀌기 때문에 꾸준히 정보를 업데이트하지 않으면 변화에 대처하기 힘들기 때문이다. 이 밖에도 사람들은 여러 이유로 책을 읽는다. 삶이 권태로워서, 친구들과 나누는 상투적인 대화가 지루해서, 직장 동료와 나누는 뒷담화에 싫증이 나서 책을 읽을 수도 있다. 그 이유가 무엇이건 간에 독서는 당신에게 지식과 창의력과 만족감과 휴식을 준다. 또한 당신의 마음을 갈고닦아줄 것이다.

책은 인류 역사상 가장 순수하고 가장 오래된 쾌락의 원

성격을 바꿔야 운명이 바뀐다

천이다. 책은 확실하게 인생을 더 생생하게 느끼게 도와준다. 교양 없는 사람들이 즐기는 질 낮은 쾌락과는 차원이 다른 지적 쾌락을 준다. 이것은 단기간에 급속도로 느끼는 향락이라기보다는 마음속에 서서히 번지는 즐거움이다. 또한 독서는 마음속 깊은 곳에 자리 잡고 있는 편견을 없애주기도 한다.

제대로 된 음식을 먹지 않고 몸이 건강한 사람이 될 수 없듯 좋은 책을 읽지 않고 정신이 건강한 사람이 될 수는 없다.

나는 소위 말하는 대기업의 간부라 하는 사람들의 보잘것없는 서가를 보고 놀란 적이 한두 번이 아니다. 그들은 자신의 경영 능력과 노하우가 책을 읽지 않아도 꿈만 꾸면 저절로 떠오르는 거라고 착각하는 모양이다. 그렇게 독서 이력이 빈약하면 그가 차지하고 있는 자리도 조만간 위태로워질 수밖에 없다. 서가를 잘 살펴보면 그 사람의 지성과 역량의 깊이뿐만 아니라 진짜 관심사까지 가늠할 수 있다. 나는 이른바 이런저런 주제의 전문가라는 사람들이 그 주제와 관련된 책을 열 권도 채 갖고 있지 않은 것을 본 적이 있다. 그 사람들은 같은 말을 지겹도록 반복하면서 매번 자신의 말을 처음 듣는 청중이 나타나기를 바라는 것 같다.

지식을 얻는 방법은 거의 유일하다. 그것은 바로 공부, 즉 독서를 통하는 것이다. 하지만 앞부분에 인용한 오르테가의 말처럼 '공부는 납세와 비슷'하기 때문에 의무가 아닌 한 절대 하지 않는다는 것이 문제다.

만약 당신이 경영자 혹은 리더라면 부하 직원들의 책상을 유심히 바라봐라. 그 직원이 독서를 즐기는 사람이라면 책상에 책이 점점 쌓일 것이다. 만약 승진을 시킨다면 그렇게 꾸준히 독서를 게을리하지 않는 사람을 선택해라. 그래야 당신의 회사가 앞으로도 살아남을 수 있을 것이다.

성격을 바꿔야 운명이 바뀐다

50 사업

고객의 마음을 이해하는 것

내가 아는 한 젊은 임원의 책상 앞에는 이런 문구가 쓰여 있다.

'신이시여, 저에게 고객 못지 않게 똑똑해질 수 있는 지혜를 주소서.'

별거 아닌 문구 같지만 이 안에는 어마어마한 인사이트 와 무한한 성장 기회가 도사리고 있다. 어떤 회사에서 어떤 물건을 만들건 목적은 같다. 그것은 고객들이 더 좋은 삶, 더 의미 있는 삶을 누릴 수 있도록 돕는 것이다. 만약 이 목적을 이루지 못한다면 그 조직, 사업은 오래가지 못한다. 그러므로 이미 성공한 사업가라 하더라도 늘 '어떻게 하면 고객의 마음을 사로잡을 수 있을까?'를 고민해야 한다.

그런데 이 고민을 꾸준히 하는 사업가는 생각보다 많지 않다. 조금만 성공해도 타성에 젖어버리는 것이 보통이다. 큰 회사든 작은 회사든, 조그마한 식당 사장이든 마찬가지이다.

금전등록기만 눈여겨보지 말고 고객의 마음을 제대로 알아차리는 데 집중해보자. 그렇게만 하면 통장 잔고는 알아서 늘어나게 되어 있다. 제품이나 서비스만 제대로 만들면 나머지는 다 제자리를 찾아갈 것이다. 그것은 시간과 인내의 문제일 뿐이다.

단, 고객들이 안고 있는 품질과 가치에 대한 욕구 그리고 시간과 비용에 대한 불만을 절대로 과소평가해서는 안 된다. 그렇게 최선의 노력을 다한 다음에 위에 써 있는 주문을 외우면 더할 나위 없을 것이다. 나라면 여기에 한 문장을 더 덧붙이고 싶다.

성격을 바꿔야 운명이 바뀐다

"신이시여, 제가 대접받고 싶은 그대로 제가 고객들을 대접할 수 있

도록 허락하소서."

얼 나이팅게일, 시공을 초월한 인생 격언

성격을 바꿔야
운명이 바뀐다

1판 1쇄 인쇄 | 2025년 1월 8일
1판 1쇄 발행 | 2025년 1월 15일

만든 사람들
지은이 | 얼 나이팅게일
옮긴이 | 황금진
기획·편집 | 박지호   마케팅 | 김재욱
디자인 | design PIN

ISBN 979-11-989025-1-1 03190

펴낸이 | 김재욱, 박지호
펴낸곳 | 포텐업
출판등록 | 제2022-000323호
주소 | 서울시 마포구 월드컵로7안길 20 302호(04022)
전화 | 070-4222-1212 팩스 | 02-6442-7903

원고 투고 및 독자 문의 | for10up@naver.com
인스타그램 | @for10up
블로그 | https://blog.naver.com/potenup_books
포스트 | https://post.naver.com/potenup_books